MANDELA

他是世界上最著名的囚犯，

他创造了伟大的奇迹。

他向世人证明了他是一位睿智的预言者，

更是一位永不言败的行动大师。

曼德拉留给我们的精神财富，

不仅南非人民享用不尽，

全世界人民也将从中获益。

曼德拉没有走，

他永远活在我们心中。

生命中最伟大的光辉不在于永不坠落，而是坠落后总能再度升起。

——曼德拉

NELSON
MANDELA

周若渠◎编著

风雨中抱紧自由

曼德拉留给世界的95条精神遗产

精心甄选并解读95则曼德拉最精彩、最有力量的语录

全面展示一个伟大而真实的传奇人物——曼德拉

中国言实出版社

图书在版编目（CIP）数据

风雨中抱紧自由：曼德拉留给世界的95条精神遗产 / 周若渠编著 . -- 北京 : 中国言实出版社 , 2014.1

ISBN 978-7-5171-0359-2

Ⅰ . ①风… Ⅱ . ①周… Ⅲ . ①曼德拉 , N.（1918~2013）- 语录 Ⅳ . ① K834.787=5

中国版本图书馆 CIP 数据核字（2013）第 309047 号

责任编辑：周　晏

出版发行　中国言实出版社

地　址：北京市朝阳区北苑路 180 号加利大厦 5 号楼 105 室

邮　编：100101

电　话：64966714（发行部）51147960（邮　购）

64924853（总编室）68581667（编辑部）

网　址：www.zgyscbs.cn

E-mail：zgyscbs@263.net

经　销　新华书店

印　刷　北京画中画印刷有限公司

版　次　2014 年 2 月第 1 版　2014 年 2 月第 1 次印刷

规　格　710 毫米 ×1000 毫米　1/16　15.25 印张

字　数　165 千字

定　价　32.00 元　ISBN 978-7-5171-0359-2

光辉岁月

钟声响起归家的讯号
在他生命里
仿佛带点唏嘘
黑色肌肤给他的意义
是一生奉献
肤色斗争中
年月把拥有变做失去
疲倦的双眼带着期望
今天只有残留的躯壳
迎接光辉岁月
风雨中抱紧自由
一生经过彷徨的挣扎
自信可改变未来
问谁又能做到
可否不分肤色的界限
愿这土地里
不分你我高低
缤纷色彩闪出的美丽
是因它没有分开每种色彩
……

在中国，曼德拉的影响力就如同明星一样。他追求自由和平等的精神影响了香港 Beyond 乐队主唱黄家驹，并为他写了一首至今仍被广泛传唱的歌曲——《光辉岁月》。

1990 年 8 月 3 日到 6 日黄家驹从非洲巴布亚新几内亚之行回到香港后，创作了《光辉岁月》献给曼德拉。《光辉岁月》歌颂了曼德拉伟大而光辉的一生。正是这首歌令曼德拉和他的故事传遍了中国的大江南北，大多数的中国年轻一代也正是通过这首歌才认识了远在非洲南端的这位传奇老人。

2010 年，世界杯在南非举办。中央电视台在转播开幕式时，特意播放了那首《光辉岁月》。据说中国使馆的朋友曾拿这首歌给曼德拉听，并把歌词内容翻译给他，老人听到最后潸然泪下。

“我很佩服曼德拉，20 多年的牢狱，不知他怎样熬过这段孤独岁月，但我知道一定有坚强的信念支撑他。在香港做音乐、做乐队很难，很孤独，这条路注定是 long way without friends（乐队早期一首作品），我这辈子不会转行去干别的，就是做音乐了，我亦相信人定胜天的，终将有那一天……”1990 年，接受媒体采访时，黄家驹曾经这样评点他和曼德拉的关联。

1993 年 6 月 24 日，黄家驹在日本参与某综艺节目期间意外受伤，留医六天后于 1993 年 6 月 30 日逝世，终年 31 岁。

黄家驹的墓地安置在香港将军澳的山头上，墓碑上写着这样一句话：“生命不在于得到什么，而在于做过什么。”

第二辑◎和解：爱比恨更容易走进人类的内心

第三辑◎信念：希望是自由战士的游泳圈

第四辑◎独思：有问题时不要试图掩盖

第五辑◎超越：我已经演完了我的角色

传奇，曼德拉

■ 他拥有50所国际知名大学的荣誉学位。

■ 他是南非全国矿工联盟的终身荣誉主席。

■ 他是意大利佛罗伦萨、希腊奥林匹亚等上百个城市的荣誉市民。

■ 英国利兹大学发现的超重核粒子以他的名字命名。

■ 1981年，1万余名法国人联名向南非驻法使馆发出请愿书要求释放他。

■ 1982年，全球53个国家的2000名市长又为他的获释而签名请愿。

■ 1983年，英国78名议员发表联合声明，50多个城市的市长在伦敦盛装游行，要求英国首相向南非施加压力，恢复他的自由。

■ 从酋长儿子到自由斗士，从政治囚犯到南非国父，从全球总统到世纪伟人。

■ 两位动物学家用“曼德拉”来命名一种新发现的蜘蛛。

“麻烦制造者”

1918年7月18日，曼德拉出生于南非开普省的特兰斯凯地区姆维佐村。他的父亲是滕布王朝的王室成员，是当地的一名酋长，曼德拉的母亲是父亲的四名妻子之一。曼德拉的一个名字是罗利赫拉赫拉，在科萨语中，意思是“将树干拔出来”，也表示“麻烦制造者”。

曼德拉10岁的时候，父亲的突然辞世给他的人生带来了很大的变化。曾得到父亲帮助的摄政王荣欣塔巴此时伸出了援助之手，承担起抚养曼德拉长大成人的重任。根据荣欣塔巴给曼德拉设计的人生：他将在长大后子承父业，成为当地的一名酋长。

不过，不安于现状的曼德拉对外面的世界充满了向往与憧憬，当遭遇摄政王的“包办婚姻”时，他选择了外出负笈求学，从此阔别了自己出生、长大的故乡，开始踏上自己的传奇人生之旅。

曼德拉是家族中为数不多的接受过高等教育的人之一。离开故乡后，他来到黑尔堡大学读书，开始接触法律学，后来又遇到了自己的终生战友奥利弗·塔博。

“把牢底坐穿”

在 20 世纪 40 年代，南非的种族矛盾已经十分突出，白人政府压迫黑人，引起了黑人的抗争。曼德拉 1944 年加入了主张非暴力斗争的南非非洲人国民大会（简称非国大），并先后任非国大执委、德兰士瓦省主席、全国副主席。

1961 年，曼德拉领导罢工运动，抗议和抵制白人种族主义者成立的“南非共和国”；此后他被任命为军事组织“民族之矛”的总司令。1962 年 8 月，他被捕入狱，被以“煽动”罪和“非法越境”罪判处 5 年监禁。1964 年 6 月，他又被指控犯有“企图以暴力推翻政府”，改判为无期徒刑。

曼德拉在罗本岛监狱被关押了 18 年，囚衣号码为 466/64。此后他又相继被转到另外两所监狱。即便是身陷囹圄，曼德拉也没有放弃反对种族主义、建立一个平等、自由的新南非的坚定信念，坚持要求白人政府废除种族隔离政策，并为此在狱中抗争了 27 个春秋，备受迫害和折磨也始终未改变自己的初衷。

1990 年 2 月 11 日，南非当局在国内外舆论压力下，被迫宣布无条件释放曼德拉。头发花白却依然不屈的曼德拉以胜利者的身份从监狱走出，被认为是整个 20 世纪最激动人心的一刻。

“彩虹之国”国父

出狱后的曼德拉被非国大全国执委任命为副主席、代行主席职务，1991 年 7 月当选为主席。1994 年 4 月，非国大在南非首次不分种族的大选中获胜。同年 5 月，曼德拉成为南非第一位黑人总统。

掌权后的曼德拉没有报复南非的白人，而是向他们伸出了友爱之手，在南非推行民族和解，借以抚平这个矛盾重重的国家的伤痕。通过不懈努力，曼德拉终于缔造了一个全新的“彩虹之国”，无论肤色，无论性别，均可以自由、平等地生活在这个新南非。

曼德拉的举动也获得了全世界的认可，他也与昔日的对手德克勒克在 1993 年一起获得诺贝尔和平奖。在世纪之交时，他还入选“影响 20 世纪政治和社会结构的二十人”。

1999 年，声誉达到顶峰的曼德拉没有寻求连任，而是选择了激流勇退。退休后的他，也没有完全退出公众视野，而是继续推动非洲国家在反对艾滋病等方面的努力工作。2009 年 11 月 10 日，第 64 届联合国大会通过决议，将每年 7 月 18 日他的生日定为“曼德拉国际日”，以表彰他为和平与自由做出的贡献。

2010 年后，曼德拉很少出现在公众场合。20 多年的牢狱生活让他的肺部成为其“阿喀琉斯之踵”，因此数次入院接受治疗。2013 年 6 月 8 日，他再次因为肺部感染紧急入院。在此后的半年中，疾病和衰老成了他生命中最后的两个对手。

2013 年 12 月 6 日（南非时间 5 日），曼德拉在约翰内斯堡住所去世，享年 95 岁。南非为曼德拉举行国葬，全国降半旗。

曼德拉曾结过三次婚，育有两个儿子和四个女儿。

走好，曼德拉

曼德拉是中南关系奠基人之一，生前两次访华，积极推动中南各领域友好合作。中国人民将永远铭记他为中南关系和人类进步事业作出的卓越贡献。

——中华人民共和国国家主席 习近平

曼德拉影响了全世界，是一位正义的巨人。

——联合国秘书长 潘基文

他为自由而作的不倦斗争为他赢得世界的尊重。他的谦逊、热情和仁爱为他赢得世界的爱。

——南非总统雅各布·祖马

他的成就超越任何人所能被期望的……我是无数从纳尔逊·曼德拉一生中获得启示的人之一。与全球如此多人一样，我无法完全想象自己的生活如果没有纳尔逊·曼德拉树立的榜样会怎样。只要活着，我就要尽我所能向他学习。

——美国总统 奥巴马

曼德拉是芭芭拉和我有幸认识的最伟大自由信仰者之一，我们为他的过世哀悼。身为总统时，我惊奇地见证曼德拉坐了 26 年冤狱后，拥有非凡雅量宽恕监禁他的人，树立宽恕和慈悲的强大典范。他拥有宏大的道德勇气，改变自己国家的历史进程。

——美国前总统 老布什

今天世界失去了其最重要的领导人之一。历史将会记住曼德拉对于人类尊严和自由、和平与和解的贡献。

——美国前总统 克林顿

总统曼德拉是我们时代中最强大的自由和平等力量。他以尊严和宽厚承担重担，我们的世界因为他的典范变得更美好。世人将缅怀这位善良的人，而曼德拉的贡献将永垂不朽。

——美国前总统 小布什

我们将永远从纳尔逊·曼德拉具有道德力量、仁慈善意和人性光辉的身上获得力量和启示。

——美国第一夫人 米歇尔·奥巴马

这是一个令人悲痛的消息。我们能够记得的，只是曼德拉是一位多么不可思议和鼓舞人心的人。

——英国威廉王子

世上的一盏明灯熄灭了。曼德拉是我们这个时代的英雄，一个真正的全球英雄。

——英国首相 卡梅伦

曼德拉是现代南非之父，一个真正的伟人，也可以说是上个世界最伟大的人物之一。

——澳大利亚总理 艾伯特

曼德拉是我们时代中最可敬的人物。他是人民之父、有远见的人、反对暴力的自由斗士。他在长年受监禁期间，为人民树立典范。他没有一丝傲慢，致力用自身人格奋力避免爆发种族仇恨，修补南非社会裂痕。他将被缅怀为新南非之父和 1 名有杰出道德的领导人。

——以色列总理 内塔尼亚胡

曼德拉的名字鼓舞我们的良知和内心。他成了全球追求尊严和自由的同义词。今天，伟大的光芒消逝。来自川斯凯的男孩走完了漫漫人生道路。他的旅程不仅改变南非，更改变人性本身。当我们纪念他的离世，也感谢曼德拉带来的赠礼。当我们奋力将自由和尊严带给家人、我们的兄弟姐妹以及全世界，我们期望他的精神持续启发、引导和启迪我们。

——爱尔兰总理 肯尼

曼德拉是一位鼓舞人心的领导者和一位卓越的人。多年来，他象征南非脱离种族隔离的希望。曼德拉先生不仅对南非，甚至对全世界都是改变的力量。

——新西兰总理 约翰 · 基

对于亲爱的纳尔逊 · 曼德拉同志的逝世，我代表古巴政府和人民向他的家人、非洲国民大会和南非全体人民表达最深切的哀悼。曼德拉为消灭种族隔离制度、建立一个新南非所怀有的坚定信念和做出的伟大贡献将被世人铭记。我们对曼德拉怀着深深的敬意，不仅因为他为南非人民做出的贡献，还因为他对古巴人民所表现出来的友谊。

——古巴国务委员会主席 劳尔 · 卡斯特罗

我以墨西哥的名义，对南非前总统曼德拉的逝世表示深切的哀悼、对南非人民表示深切的慰问。人类失去了一位不断崇尚和追求和平、自由和平等的斗士。

——墨西哥总统 培尼亚

伟大的荣耀并不在于从不跌倒，而在于永远矗立。曼德拉的荣耀将万古流芳，哥斯达黎加人民尊敬他。

——哥斯达黎加总统 钦奇利亚

我的心与南非人民和曼德拉的家属同在。我们失去了一位真正的绅士、勇敢的斗士。能够认识他这样一位博爱的人，我感到非常荣幸。安息！

——英格兰足球队前队长 贝克汉姆

致敬，曼德拉

直至今日，曼德拉或许仍是全世界最受爱戴、最受尊敬的唯一的国际性人物。他不懈地为相互指责的人们的和解而战，为消除怨恨而战，为平息冲突而战；还为健康，为教育，为每个孩子有权开启一份更美好的人生而战；他不断启迪着全球数以百万计的民众和几代人。

——联合国前秘书长 科菲 · 安南

众所周知，曼德拉，他过去的人生践行了他奉为至高的自由理想和永不屈服的进取精神，他堪称我们的“全球公民典范”，是“联合国最高价值的生动体现”。

——联合国秘书长 潘基文

曼德拉总统在许多事上给予了我们诸多教导。其中最伟大的教导，尤其是对年轻人，或许就在于：当坏事降临到好人身上，我们仍然拥有自由和责任，决定如何应对非正义、残酷与暴力，决定它们将如何影响我们的灵魂、内心和意志。

——美国前总统 比尔 · 克林顿

即便是现在，我也很难相信，在一间牢房里度过了近三十年，他却丝毫未被怨恨侵蚀。由于他对自由所持的勇敢立场，他在全世界被奉为传奇，然而更令人惊讶的是，他不允许曾经承受的任何侮辱将他的心变冷。

——美国著名电视主持人 奥普拉 · 温弗瑞

想当一名成功的领导者，就应该向南非前总统纳尔逊·曼德拉讨教讨教。

——美国《时代》周刊编辑 理查德 · 施滕格尔

第一辑

斗争：不应当让恐惧妨碍了前进

01/ 痛恨白人优越主义

我痛恨白人优越主义，我会用手里的任何武器同它战斗。

白人优越主义是一种种族份子的形态意识，主张白色人种族裔优越于其他族裔。大众普遍认为，白人优越主义与种族主义，特别是歧视黑人和反犹太主义有关联。

1938 年，20 岁的曼德拉离开家乡来到黑尔堡大学学习，这是南部非洲唯一一所招收黑人学生的大学。正是这所大学，培养了后来一批杰出的南非民族主义领导人，包括约翰·杜贝，塞姆、贾巴伍、索布克韦、塔博等，当然也包括曼德拉。在三年的大学生活里，曼德拉结识了一批志同道合的青年民族主义者。除了课堂学习之外，他还积极投入学生运动，与其他同学一起参加讲演，抒发对种族歧视的不满，一起收听英国广播公司播放的丘吉尔的演说……在家乡埋下的民族主义的种子在学校相对浓厚的政治空气中得到了萌发。

后来他在自传中这样写道：“只有当我开始知道我童年的自由之梦

其实是幻想的时候，我才发现，作为一个年轻人，我的自由已经被剥夺，因此，我开始渴望自由。开始，作为一个学生，我仅仅是要我自己的自由：晚上能待在户外的自由，想读什么书就读什么书的自由，想去哪里就去哪里的自由，这些都是一些暂时的自由。后来，作为约翰内斯堡市的一个年轻人，我渴望得到基本的、有尊严的自由：发挥自己潜力的自由，维持生计的自由，结婚的自由和拥有家庭的自由，这些都是在遵纪守法的生活中不受束缚的自由。"

1944 年，在黑人社会活动家沃尔特·西苏鲁的介绍下，25 岁的曼德拉参加了南非非洲人国民大会，正式投身黑人解放运动，并创建青年联盟，以非国大隶属组织的形式开展工作。青年联盟成立宣言明确宣告，"白人以优越的军事技术和组织技能夺走了黑人长期赖以为生的土地，剥夺了他们寻求独立命运和自由生活的一切安全保障。然而，非洲人并未接受这一命运的摆布，他们拒绝接受非洲人是一个被征服的种族因而必须被灭绝这种理论。为了自治，非洲人将不惜任何代价。"

"对于非洲人而言，非洲原本没有种族的内涵……这并不意味着那些居住在非洲的白人就应该被驱逐，不是这样的。我想说，殖民体制应该废止。"

曼德拉斗争的一生开始了。

02/ 人类历史上有个污点永难抹去

在人类历史上，有一个污点永远难以抹去——它会记住种族隔离的罪行确实发生过。

1941 年，曼德拉成了成千上万拥向约翰内斯堡人群中的一员。两年前，南非在史末资将军领导下加入英国及其盟国一方，对希特勒德国和墨索里尼意大利进行战争。战时工业对劳工有大量需求。

坐乡间公共汽车，然后又坐火车，在一节标有“非欧洲人”的车厢里，曼德拉一路北上，经过纳塔尔进入德兰士瓦的高地疏林草原，直到堆有黄砂的矿区渣坑所标志的金城埃戈利郊区。他突然被推进一个高楼林立的新世界，车辆往来快得令人目眩，各种肤色的人群熙熙攘攘奔走繁忙。城区和白人居住的宽阔市郊，到处是繁荣的景象。可是非洲人——“土著人”——却被限制在许多“郊区土著人乡镇”和城市的贫民区内。这些贫民区居民拥挤，卫生条件极差，没有电、没有柏油马路，也没有电话，可不断地受到警察的抄查，搜寻那些违反通行证法和违反禁酒法的人。骚乱纷起，家庭瓦解，罪案多发。对被剥夺了公民权的非洲人来说，这些就是种族歧视下的严酷现实。曼德拉的政治教育开始了。

1948 年，白人统治和种族歧视被系统化为法律体制：种族隔离制度。阿非里卡人国民党以微弱多数上台，开始实施种族隔离政策。当他们自封为反对“赤色威胁”的“西方基督教文明堡垒”时，故意轻描淡写他们的亲纳粹和反犹太人的倾向。他们认为自己是上帝挑选出来进行统治的，这种幻想使他们悍然不顾外面的世界以及自由、平等和正义等信念。不仅政府，他们的荷兰归正会、大学、警察、军队和文职人员不久都也渗透进一个秘密会社——“兄弟会”。没有几年，尽管白人选民也大力抗议，“兄弟会”仍然骑在宪法脖子上作威作福；他们废除了一些牢固树立的条款，以保证自己不会被立宪手段所挫败。

种族隔离——这个被曼德拉称为“疯狂的政策”——与一切人权概念完全背道而驰。除了希特勒的犹太人政策，还从来没有过这种“哲学”。第二次世界大战恰恰是为了反对这种理论而战的。在未来年月中，英美和其他西方国家政府一再表示痛恨这种种族歧视政策，它们却增加了在南非的投资，10 多万名非洲人如今拥挤在约翰内斯堡周围的城镇和棚户区。强制搬迁、警察逮捕、失业和其他不平事件不断地引起骚动。

这，是人类历史上永远难以抹去的一个污点。

这，就是曼德拉为自由而战的时代背景。

03 评判一个国家应看它如何对待穷人

评判一个国家不应看它如何对待地位最高的民众，而是看它如何对待穷人或一无所有的人。

2008 年 7 月 18 日，曼德拉在故乡南非东开普省古努镇迎来 90 岁生日。

曼德拉当日破例向媒体记者吐露心扉，4 年来首次接受采访。面对媒体，他道出生日寄语：关注贫困。

曼德拉当天身穿黄、绿、黑三色相间衬衫，在妻子格拉萨的陪伴下，微笑着走进住所会客厅。他坐上黄色扶手椅后，与媒体记者交流大约 15 分钟。“今天是什么日子？”曼德拉开玩笑说，假装不知道大家是为他生日而来。

美国有线电视新闻网（CNN）记者问曼德拉，他这辈子最难忘的回忆是什么？曼德拉却答非所问，微笑着说他很高兴能活到 90 岁。

面对生日之际想对世界说些什么的问题时，曼德拉吐露心声，寄望富人为社会做出更多贡献。曼德拉说：“南非有许多富人，他们可以与尚未摆脱贫困的不幸者分享财富。”他说，能活到 90 岁非常幸运，要知道南非的一些城镇和农村还生活着不少饱受贫困折磨的民众。“贫困仍紧紧抓住我们的民众。如果贫穷，你可能活不了很长时间，”曼德拉说。

曼德拉的一生，是致力于改善穷人生活状况的一生。他曾经说：“评判一个国家不应看它如何对待地位最高的民众，而是看它如何对待穷人或一无所有的人。”

关于这点，胡适先生曾有经典的论述：“一个肮脏的国家，如果人人讲规则而不是空谈道德，最终会变成一个有人味儿的正常国家，道德自然会逐渐回归；反之，一个干净的国家，如果人人都不讲规则却大谈道德，谈高尚，天天没事儿就谈道德规范，人人大公无私，最终这个国家会堕落成为一个伪君子遍布的肮脏国家。”对此最好的践行者，就是 1935 年时任美国纽约市长的拉古迪亚。

一天，拉古迪亚市长在法庭旁听了一桩面包偷窃案的庭审。被指控的是一位老太太，当法官问她是否认罪时，她说：“我那两个小孙子饿了两天了，这面包是用来喂养他们的。”法官秉公执法地裁决：“你是选择 10 美元罚款，还是 10 天拘役？”无奈的老太太只得“选择”拘役，因为要是拿得出 10 美元，何至于去偷几美分的面包呢？

审判刚结束，在人们还没散去的时候，拉古迪亚市长从旁听席上站起，脱下自己的礼帽，往里面放进 10 美元，然后向在场的人大声说：“现在，请各位每人交 50 美分的罚金，这是为我们的冷漠所支付的费用，以惩戒我们这个要老祖母去偷面包来喂养孙子的城区。”大家听了神情肃然，每个人都默默地往拉古迪亚的礼帽中放入 50 美分。

正是有了曼德拉和拉古迪亚这样有悲天悯人之心的人，对弱势群体满同情和怜悯，就像生在马槽里的耶稣，到世间来就是来拯救罪人和穷人的，这个世界，才不会那么冷漠。

04 不用再担心自己皮肤的颜色

我们一直在为建立一个社会而奋斗，在这个社会里，人们不用再担心自己皮肤的颜色。

20 世纪 90 年代之前的南非，种族隔离所造成的冲突，虽然没有世界大战那样充满硝烟，但是种族歧视、漠视人权这些与现代文明背道而驰的观念集中体现而且极其顽固。身为弱势的曼德拉，投身反对这项制度，在争取推翻白人统治暴政的时，脑子里并非只是“反对白人暴政”，他在 1964 年对他审判的法庭上为自己辩护时，明确地表示，他不仅要反对“白人暴政”，也会反对“黑人暴政”。这在当时的情景下实属“超前”。

这次审判之后，曼德拉被判终生监禁。不过由于世界潮流的发展和国际施压，他最终在 1990 年释放。1994 年当选总统，乃南非历史上第一位黑人总统。值得一提的是，他在竞选期间，不仅在黑人社区竞选，也到白人社区拉票。

曼德拉在回忆往事时说：“我反复提醒大家，解放斗争并不是一种反对任何一个团体或种族的战斗，而是反对一种压迫制度的斗争。”“我们不是多种族主义者，而是反种族主义者。我们一直在为建立一个社会而奋斗，在这个社会里，人们不用再担心自己皮肤的颜色……因此，这不是种族的问题，而是思想方面的问题。”

曼德拉在监狱里直接与最基层的“压迫者们”亲密接触后，有过这样一些感想：“设法教育所有的人，甚至包括我们的敌人。……其实，并不是所有的狱警都是魔鬼。……即使是似乎最无情的动物，有时也会有一颗宽容的心。如果触动到他们的心弦，他们也能有所改变。归根结底，巴登霍斯特并不邪恶，他的野蛮是由于野蛮的社会制度造成的。他的行为似乎是野蛮的，因为他因自己的野蛮行为而得到了奖励。”

曼德拉后来回忆说：“当我从监狱走出去的时候，是要同时解放被压迫者和压迫者。当我从监狱走出的时候，同时解放被压迫者和压迫者成为我的使命。”又说：“我为反对白人专政而战，也为反对黑人专政而战。”

05 斗争就是我的生命

我不会离开南非，也不会自首。只有通过苦难和牺牲、通过武装斗争，才能赢得自由。斗争就是我的生命。

德拉自幼便具有高贵的气质，其中有一部分直接来自于他的遗传基因，而更多的则是源于非洲王室的熏陶与培育。生活在 19 世纪一个鲜有白人出现的部族社会，使他与同时代的黑人相比，没有体会到多少种族歧视带来的伤痛。小时候，白人对他而言只是遥远的存在，不会对日常生活产生多大的影响；在进入寄宿学校之前，他甚至没有与白人握过一次手。他生活在一个封闭而与众不同的环境中，尽管存在不足之处，但至少使他在成长过程中免于遭受种族歧视的荼毒，免于对自身人格产生轻贱的认识。坚定的自信心是他获得成功的关键力量，也是非洲人国民大会培养他作为群众领袖的重要原因。

直到他随着年龄的增长进入寄宿学校后，才开始体会到阶层与种族之间的现实差异。这种感受在到达约翰内斯堡之后变得尤为强烈，在那里，他不再享有首领之子的待遇，而只是被当成一个贫穷无知的乡下男孩，这使他彻底认识到横亘于黑人与白人之间的巨大天堑。当曼德拉亲身面对种族歧视与各种冷漠轻蔑的对待，不由得怒火中烧。他愤怒于自己竟会遭受如此待遇，竟会有人遭受如此待遇。他的愤怒非常强烈，以至于甘愿放弃舒适、美好的未来生活，立志与种族主义斗争到底。正是由于具有自信、自尊、自强的品质，种族歧视的现实才会使他愤慨至此。当自尊心较弱的人遭受歧视待遇时，只会进一步强化自轻自贱的心理；但自尊心强大的人受到同样对待，则会感到被冒犯。曼德拉就是这样倍感冒犯。他并不是一个易怒的人，然而一旦当真燃起怒火，便会变得极其倔强与固执。在这一问题上，他的固执持续了半个世纪。虽然他强烈反对“政治源于个人恩怨”这一观点，但他本人的政治观点，却的确根源于身为一名南非黑人所经历过的无穷无尽的轻视与羞辱。

曼德拉的一生，是斗争的一生。他在 1961 年 6 月 26 日发表演讲说：“我不会离开南非，也不会自首。只有通过苦难和牺牲、通过武装斗争，才能赢得自由。斗争就是我的生命。”

“黑色肌肤给他的意义，是一生奉献，肤色斗争中。”《光辉岁月》如是唱着。

06 没了选择只能成为违法者

当一个人被拒绝相信他所相信的生活权利的时候，他就没有了别的选择，只能成为一个违法者。

曼德拉在约翰内斯堡的早期生活：在矿场寻到了一份守夜人的工作，不久便被解雇；换了好几个没有电的棚屋作为住处；收留他的家庭则将他看成一事无成的浪荡子。直到与自己的终生伙伴和导师沃尔特·西苏鲁结识之后，曼德拉才走上了正确的人生道路。在西苏鲁的帮助下，他在约翰内斯堡一家小型犹太律师事务所当起了职员——那是当时少数愿意雇用黑人担任助手的律师事务所之一。对于曼德拉来说，从事法律工作是一条不错的出路，有机会凭自己的知识与技能出人头地。因此，他还特地在威特沃特斯兰德大学学习了相应的法律课程。他曾笑着回忆说，那里的法学教授认为有色人种不够聪明，不可能成为律师。

后来，曼德拉和他的朋友兼同志奥利弗·塔博一同创建了南非的第一家黑人律师事务所，成了黑人精英寻求法律服务的主要场所。曼德拉在法庭上总是表现得积极好胜，精力充沛，代表客户挑战众多的种族歧视法案。他对自己的律师专业技能深感自豪，并曾对法律的理性深信不疑。

虽然他所接受的法律教育宣称正义是“盲目”的（意为正义不分对象，对万事万物一视同仁）——事实上，在他经常出庭的法院门外便立着一尊蒙住双眼的正义女神塑像。然而，他却发现越来越多的证据昭示着截然相反的事实。在曼德拉经手的许多案件中，法官总会通过表面现象对他的客户的种族与阶层进行划分，例如看他们是否习惯性地倾斜着肩膀，或者铅笔能不能待在他们的头发上。有些时候，白人被告仅凭自己的肤色便轻易脱罪，而黑人被告却会因为肤色而获罪。不仅如此，他还长期目睹政府利用法律实现压制非洲人国民大会与其他追求自由民主运动的目的。曼德拉在他的日记中这样写道：“实质就是，法律完全是统治阶级的权力，用于塑造对其最为有利的社会秩序。”最终，他十分无奈地得出结论：法律并不像他从前所相信的那样，是维护公平与正义的永恒不变的道德准则，只是统治阶级为了实现政治目的而使用的一种手段而已。

“当一个人被拒绝相信他所相信的生活权利的时候，他就没有了别的选择，只能成为一个违法者。”曼德拉在这么想的时候，肯定是带着对当时形势的一种无奈与反抗。

07 罪是因为主张和良心

我的罪并不是因为我的所作所为，而是因为我的主张，因为我的思想，因为我的良心。

1951 年 6 月 26 日，曼德拉等他的战友们一起前往约翰内斯堡附近的矿业城镇博克斯堡。在博克斯堡，52 名志愿者聚集在非洲人居住区的大门外，不等得到允许，他们就进了大门。他们的手臂上有非国大的标志色——黑色代表人民，绿色代表土地，黄色代表南非的黄金——他们高举着拇指，以非国大的标志性方式敬礼，并高唱希望之歌“开门吧，马兰，我们在敲门”。

曼德拉镇定地看着他们，虽然站在远处，但他那种威严的气场令他依然十分醒目。他的姿态似乎象征了他与此次斗争的关系：他骄傲孤绝，但同时又对这次运动献出了全部的忠心。早在那里蹲点的警察逮捕了志愿者，把他们绑着推上了装甲车，一路送到了监狱。

然而，曼德拉很快就面临他人生中的一次牢狱之灾了。运动当天晚上，非国大在约翰内斯堡服装工人礼堂召开会议。宵禁是晚上 11 点开始，当一群非洲人走上街头的时候，警察早已在那儿候着了，他们肩并肩站着，从头盔帽檐之下注视着这群外表温厚的黑人，随时准备着把他们塞进警车。曼德拉也在场，他只是旁观者，但警察坚持要逮捕他。于是，曼德拉和参与此次运动的同胞们一起被关进了马歇尔广场的监狱，在狱中度过了两个晚上。监狱里的环境让他望而却步，他永远都不会忘记，那天有一名犯人被挤下了台阶，摔断了脚踝，于是一整晚都在痛苦地打滚。他也发觉，与他们关在一起的人中，有两名犯人向警察告了密。

这次运动给予了黑人新的力量与自信。曼德拉还注意到，这次运动也帮助他们成功抹去了入狱的耻辱。曼德拉后来写道：这次反抗运动之后，“入狱成了非洲人的荣誉标记”。但是，政府之前吃了毫无防备的亏，这次在白人反对派的支持下，很快便严阵以待。代表大多数英语选民的联合党派了两名议会成员来请非国大停止反抗运动，并表示会在即将到来的选举活动中支持他们。非国大要求他们承诺在重新掌权之后废除已经通过的法律，但遭到了拒绝。自由党议员警告曼德拉等人，此次运动可能会让他们失去白人的支持；自由党种族关系研究所也表示了不满。曼德拉回忆说：“他们对我们说，‘先生们，我们认为这不是你们表达不满的最好途径。请收手吧。’遭到我们的拒绝后，他们对我们发起了攻击。”但是，自由党白人的《兰德每日邮报》却给了曼德拉一个惊喜，这份报纸给予此次运动的曝光程度不亚于左翼周报《新时代》(前身为《卫报》)。

7 月 30 日，曼德拉因违反《反共产主义法》被捕，此外，全国还有 20 名此次运动领袖一同被捕。

但是，正如曼德拉自己所说：“是法律让我变成了一个罪犯，但是我的罪并不是因为我的所作所为，而是因为我的主张，因为我的思想，因为我的良心。”入狱成了他的荣誉标记，也成了非洲人的荣誉标记。

08 准备好为事情的结果付出代价

我已准备好为事情的结果付出代价，尽管我知道这么做会有多么痛苦，尽管我知道在这个国家的监狱里一个非洲人的绝望状况。

曼德拉的一生，对家人满怀内疚，反抗种族歧视的斗争令他曾经无暇顾及家人。而当他有时间去关心孩子、跟孩子在一起的时候，他们又早早地离他而去。这让人更同情曼德拉家庭生活的不幸，感叹他为争取黑人自由的事业付出的代价太过高昂。

白发人送黑发人已经是人间极大的悲剧，更何况先离开还是自己的儿子，曼德拉 2005 年 1 月 6 日宣布，他的儿子马克贾托·曼德拉当天在约翰内斯堡一家医院死于艾滋病，终年 54 岁。

马克贾托去世后，医院并未透露马克贾托的死因，似有难言之隐。数小时后，是曼德拉自己公开了儿子的死因——“我们不能逃避真实”，“今天把你们召集到此，我要宣布我儿子死于艾滋病。我曾说过，‘让我们公开艾滋病，而不是隐藏它’。唯有这样做，艾滋病才能被当成一种普通疾病。”86 岁的曼德拉在约翰内斯堡家中老泪纵横地对记者们说。

在亲自宣布儿子死讯的新闻发布会上，曼德拉企图用沉默寡言和面无表情掩藏真实情感，尽管他在宣布儿子马克贾托去世的消息时语气努力保持镇定，但那滑落的泪水泄露了无尽的悲痛。在葬礼上，曼德拉在台上致词，他只说了两句话 ：“我儿子是一名律师，受到了专业领域的认可，这是他的荣耀。除此之外，我没有什么好说的。”

曼德拉与第一任妻子的另一个儿子马迪巴 · 桑贝基勒 1969 年死于车祸，于是曼德拉把所有的期望都寄托在马克贾托身上，但是马克贾托总是让曼德拉失望。马克贾托的成绩不好，升级考试不及格，后来还因为组织同学开展罢课活动而被学校开除。曼德拉对儿子寄予的希望常常让马克贾托感到非常有压力。到曼德拉 1990 年从监狱释放，马克贾托终于获得了正式的律师资格证书。

曼德拉曾经这样形容儿子，“他是个可爱的小伙子，但是他的弱点是不能写作。即使他的家族有那么多传奇性的故事可以著书。”1994 年，曼德拉举行总统就职仪式，马克贾托因为要参加法律考试并没有参加。

接踵而来的亲人好友的离世，让这个世上最受尊敬的老人陷入了孤独的境地。在短短两三年内，曼德拉经历了太多失去亲人朋友的痛苦，他参加了 6 个亲生儿女中 3 个的葬礼，还参加了第一任妻子的葬礼。1945 年，曼德拉 9 个月的大女儿因病夭折 ；1969 年，大儿子马迪巴 · 桑贝基勒遭遇车祸死亡 ；2003 年，他的亲密朋友沃尔特 · 西苏鲁逝世 ；2004 年，离婚了 46 年的发妻伊芙琳病逝。这些痛楚在曼德拉心中剜出了一个深深的洞，曼德拉说这个洞永远也无法修复。

27 年的牢狱生活不仅浪费曼德拉的生命，而且还让曼德拉失去了和家人之间的亲昵感觉。在重获自由以后，曼德拉也没有时间去关爱家人，与种族隔离的斗争、国家总统的职责、辞去公职后仍然排得密密麻麻的行程表，种种公务让曼德拉分身无术。

但是，正如 1962 年曼德拉被判有罪后说的：“我已准备好为事情的结果付出代价，尽管我知道这么做会有多么痛苦，尽管我知道在这个国家的监狱里一个非洲人的绝望状况。”

在人类历史上，纳尔逊·曼德拉的名字是与“圣雄”甘地和马丁·路德·金齐名的人物。他们都为了平等与自由、民主与尊严付出了惨重代价。我们向他们致敬。

09 做正义的事时间总是成熟的

我们必须明智地利用时间，永远要认识到想做正义的事时间总是成熟的。

20 世纪 70 年代初期，南非国内的黑人解放运动重新出现高潮。起初是黑人大学生发起的“黑人觉醒运动”，紧接着黑人工人掀起此起彼伏的罢工斗争。

1976 年 6 月 16 日，在黑人城镇索韦托，青少年学生举行示威游行，抗议当局强制非洲人学校使用阿非利卡语授课。

狱中的曼德拉和他的战友们获知索韦托运动的消息后，感到很振奋。不久，曼德拉代表罗本岛的战友们起草了一个要求群众团结行动的紧急号召，指出：“胜利的首要条件是黑人的团结。”这一号召极大地鼓舞了广大南非黑人的斗争，并为未来的斗争指明了方向。

然而，黑人运动最终遭到白人当局的镇压。“黑人觉醒运动”的领袖史蒂夫·比科被当局迫害致死，许多黑人解放组织遭到当局取缔。大批青年逃离南非，加入流亡国外的非国大，也有很多被抓进监狱。

这些黑人青年到罗本岛后，第一件事就是想知道“曼德拉怎么样了”，曼德拉仍然是黑人青年心目中的领袖。他们敬仰曼德拉，把自己从事的斗争和他联系在一起。但在有些青年眼里，曼德拉属于温和派。曼德拉分别和这些青年秘密交谈，沟通两代革命者之间的情感。

很多青年被捕前只有中学文化水平。为了使他们能够在狱中继续学习知识，提高自己，曼德拉决定实施一个教育计划。这一计划起初包括 40 人，主要是索韦托的青年学生。在曼德拉的资助和教导下，他们得以继续深造，其中不少人在罗本岛取得了学位。后来，曼德拉向友人求助，希望他们募集资金，帮助他实现一个包括罗本岛所有政治犯的教育计划。这一计划最终得到实施。在罗本岛监狱被监禁的岁月，隔绝和禁锢没有摧毁曼德拉的意志，没有动摇他对黑人解放事业必胜的信念。相反，他和他的战友们改造了罗本岛，这里几乎成了曼德拉大学。

正如曼德拉所说：“我们必须明智地利用时间，永远要认识到想做正义的事时间总是成熟的。”他在监狱中并没有浪费时间，而是明智合理地利用时间，让正义的事情孕育，让正义的事情延续。

10 毫不怀疑后代将恢复我的名誉

我履行了我对我的人民和南非的责任。我毫不怀疑后代将恢复我的名誉，同样我要说，应当站在这个法庭上的罪犯，是政府的成员。

1948年，南非举行了只有白人参加的大选。主张推行严酷的种族隔离制度的极右政治派别国民党获得执政权，非国大和曼德拉面临的环境更为艰难和凶险。白人当局一开始对付曼德拉时，只是根据已有的法律和司法制度来找他麻烦。

1954年4月，受官方指使的德瓦士兰法律协会请求最高法院吊销曼德拉的律师证，理由是他参与政治活动而被证明有罪——1952年12月，曼德拉被法庭判决犯有“法定共产主义罪”，判处9个月监禁，缓期两年执行。

许多同行，包括支持国民党种族隔离政策的白人律师都站出来声援曼德拉，这种职业共同体的认同感让他感到温暖：“即使是在种族歧视的南非，职业上的团结一致有时也能超越肤色，仍然有律师和法官拒绝当不道德政权的橡皮图章。”最终，法官驳回了法律协会的申请并让后者支付诉讼费。法官认为，曼德拉作为一个律师，有权利为自己的政治信仰战斗，即使这些信仰反政府。

1956 年 12 月，白人当局决定重拳出击，在全国范围内抓捕曼德拉等非国大以及南非共产党的领导人，并以高级叛国罪和阴谋使用武力推翻现政府罪对他们提起公诉。法庭的预审和正式审判从 1956 年底延续到 1961 年 3 月。1961 年 3 月 29 日，大法官拉姆泼福宣读了三位法官所组成的审判庭的判决意见 :“根据提交给本法庭的所有证据和我们发现的事实真相，本法庭不可能得出非洲人国民大会采用了暴力政策推翻现政府也就是发动群众直接使用暴力反对政府的结论。”曼德拉等人被宣布无罪。

1962 年 8 月,曼德拉被捕。法庭以“偷越国境罪”和“煽动罢工罪”判处曼德拉 5 年监禁。在曼德拉被押往罗本岛服刑时，南非军警突袭了非国大设在利沃尼亚一个农庄里的指挥中心，起获大量机密文件，包括由曼德拉任司令的武装组织“民族之矛”行动方案——此前,“民族之矛”已经策划实施了数起针对当局的爆炸案。

由于“发现新的犯罪事实”，曼德拉又被军警从罗本岛押回比勒陀利亚受审。对南非当局来说，这次可以坐实曼德拉等人“破坏罪和阴谋推翻政府罪”的罪名。这次“利沃尼亚大审判”引起了全世界关注。美国和英国的议会议员向南非政府提出抗议，苏联的部长会议主席勃列日涅夫写信给南非总理，要求对曼德拉等人从宽发落——“冷战”两个阵营的政治人物，对此事态度惊人一致。南非当局自然希望判处曼德拉等人的死刑，永绝后患。曼德拉等人则决定，无论判决结果如何，绝不上诉，以此表达不承认南非政府及其法庭合法性的诉求。

曼德拉在法庭上失去自由后，真正的罪犯从未在同一个法庭上出现，但历史的法庭很久以前就做出了不可更改的判决。他相信 :“我履行了我对我的人民和南非的责任。我毫不怀疑后代将恢复我的名誉，同样我要说，应当站在这个法庭上的罪犯，是政府的成员。”

1964 年 6 月 12 日，大法官德 · 韦特宣布，曼德拉等 8 名被告被判处终身监禁。法庭这样的判决令南非很多白人的极右分子非常不满。但当时谁能料到，法官最低限度地坚守了职业良心，保住了曼德拉等人的性命，也为 20 多年后的南非种族和解留下了一个活扣。

有人说“历史就是任人打扮的小姑娘”，但说这话的人其实是对历史的全景研究得不深入、不透彻，因此才会得出错误的结论。如果仔细地研究历史，深入研究历史的内在，就会发现 : 历史终究是是公平、公正、公开的。

11 直到种族歧视被彻底废除为止

我会继续尽我所能，为消灭这种不义而斗争，直到种族歧视被完全彻底地废除为止。

“在我们自己的土地上，我们被猎杀、射杀、毒杀，我们的女儿、妻子、姐妹被掠走，他们夺走了我们赖以觅食的土地。因为饥饿，我们拿了他们一点儿面粉，或杀了他们一头小牛充饥，他们就用枪射死我们，用毒药毒死我们。如今，他们为土地付给我们的，只是每年一张羊皮。”

这是一个澳大利亚土著老人的话，作为历史，记录在一个白人的回忆录里。没有冲天的怒气，只是幽幽地诉说心中的冤和苦，像一只受伤的袋鼠，一边舔着满身的血迹，一边呜呜哀鸣。

2003 年 4 月 7 日，年仅 19 岁的美国黑人青年蒂莫西·托马斯遭一名白人警官的追捕。当手无寸铁的托马斯试图逃跑时，警官竟开枪将他打死。

种族歧视的国家，过去澳大利亚有，美国也有，这些国家都早于南非取消了种族隔离政策，实现了民族和解、种族和解。但南非是世界上最大的一个，也是最后的一个实行种族隔离政策的国家，所以曼德拉代表着整个全世界的种族隔离政策死亡的标志。

曼德拉一生最大的成就就在于他推动了南非乃至全世界的种族和谐，这是他对南非特别是对于全人类的贡献。

1962 年 11 月 7 日，曼德拉被判有罪，以煽动罪判刑 3 年，以没有有效旅行证件离开南非的罪名判刑 2 年。审判结束时，他发表了演讲。

“我的刑期结束之后我仍然会被打动，因为人们常常会被他们的良心所打动；当我服完刑期出狱时，我仍然会被厌恶种族歧视的感情所打动，我会继续尽我所能，为消灭这种不义而斗争，直到种族歧视被完全彻底地废除为止。”

虽然曼德拉已是南非的象征性人物，很多人把他当成图腾一样崇拜，但也不应该神化曼德拉的作用。新南非的建立并非仅凭曼德拉一人之力，包括现任总统祖马、前总统姆贝基等在内的非国大成员，都参与了同种族隔离进行斗争的整个领导过程。

当然，在这个地球上，还有许多的不公、不平，种族歧视、隔阂甚至仇杀比比皆是，贫困、饥饿和落后更是人类大敌，就在“曼德拉日”到来之际，黑人聚居的“非洲之角”传出 60 年一遇大饥荒的消息。

根本解决种族问题需要很长时间。即使是美国、欧洲都不敢说解决了种族问题，欧美国家对非洲裔、阿拉伯裔以及亚裔等移民族群的歧视与不公正待遇依然存在。民主南非成立以后，只是在政治立法层面解决了种族歧视问题，黑人与白人拥有同等的选举与被选举权，但在经济层面至今难以做到对等。姆贝基继任后也曾经说过，南非现在仍然存在两个种族，富有的白人和贫穷的黑人。

要彻底消除各种形式的种族歧视，实现不同人种之间的真正平等，任重而道远！

12 为建设好生活而努力

人们不能对正义无所作为、无所表示、无所反应，不能不抗议压迫，不能不为建设一个好的社会、好的生活而作出努力。

1948 年，30 岁的曼德拉当选为南非非国大青年联盟全国书记、全国主席，从此成为令当局头疼的人物。经过近 5 年的艰苦努力，由于鲜明的立场吸引了大部分黑人民族主义者，青年联盟终于在 1949 年赢得了非国大的领导权。

考虑到白人在非洲已经统治几个世纪的时间，并同其他种族一样扎下了根，而且他们拥有南非大部分的财富，掌握强大的武装力量，控制着政权，如果与白人直接对抗，则会展开两败俱伤的内战。同时，印度在甘地领导下的非暴力不合作运动最终成功取得独立。因此，曼德拉在深思熟虑之后选择了压力策略：利用黑人在人数上的优势，通过和平的方式，造成巨大的声势和压力，迫使白人做出让步，促使种族主义政权改变自己的政策，通过非暴力运动的方式来逐步获得自由和解放。

真正开启非暴力抵抗的是 1952 年 6 月 26 日的“蔑视不公正法运动”，非国大与印度人大会共同发动了这场运动，并借鉴了 1946 到 1949 年印度非暴力运动的经验，被挑选的自愿人员采取非暴力行动，有意违反各项种族主义法令，自愿走进监狱。曼德拉任全国志愿军总指挥，与印度人大会书记卡恰利亚一起，出色地完成了这次任务。

1953 年，曼德拉在非国大的一次会议上发表了名为《自由之路无坦途》的讲演，成为了南非黑人向种族隔离制度进行非暴力反抗的宣言书。

然而，1960 年 3 月 21 日，南非黑人城镇沙佩维尔发生种族屠杀事件，警察向手无寸铁的示威群众开枪，打死 69 人，打伤 180 人，造成骇人听闻的血腥惨案。其他黑人城镇也爆发了类似的群众示威，接连出现警察枪杀和平示威群众的事件。白人当局还宣布实行紧急状态法，在全国范围内进行大搜捕，几千名黑人运动积极分子被捕入狱。随后，南非政府又颁布了《非法组织法令》，非国大等一系列组织被宣布为非法。在这种情况下，和平斗争的可能性已经微乎其微。

因此，种族平等斗争从抗议一度演变为了抗战：曼德拉于 1961 年 6 月创建非国大军事组织“民族之矛”，开始进行武装斗争。而从 1956 年开始，曼德拉就已经开始受审。1962 年 8 月，43 岁的曼德拉更被南非政府以政治煽动和非法越境罪判处 5 年监禁，然而，5 年时间未到，1964 年 6 月，他又被指控犯有以阴谋颠覆罪而改判为无期徒刑，从此开始了此后长达 27 年的铁窗生涯。

但是，曼德拉没有一点的后悔，他说：“人们不能对正义无所作为、无所表示、无所反应，不能不抗议压迫，不能不为建设一个好的社会、好的生活而作出努力。”

让我们记住曼德拉的告诫，“在 21 世纪初，我们的世界仍然有过多的不和谐、仇恨、分裂、冲突和暴力。在我们的个人和社会生活中关心他人，建设一个我们热切盼望的更美好的世界，仍然有很长的路要走。”

13 为理想而活着并去实现它

我希望为这一理想而活着，并去实现它。但如果需要的话，我也准备为它献出生命。

27 年的牢狱生涯没有消磨曼德拉的意志，在此期间他完成了自传小说《漫漫自由路》，“自由的道路太漫长了，迫害和误解如影随形，为了自由，为了胜利，不能放弃，不能泄气，不屈不挠，即使在寒冷彻骨的监狱石屋里备受被隔绝与被禁锢的折磨……”。

1964 年被判终身监禁时，曼德拉将审讯法庭变成了揭露种族隔离制度罪恶和唤醒广大民众的讲坛。他那长达 4 个小时的声明是这样结束的：

“我已经把我的一生奉献给了非洲人民的斗争，我为反对白人种族统治进行斗争，我也为反对黑人专制而斗争。我怀有一个建立民主和自由社会的美好理想，在这样的社会里，所有人都和睦相处，有着平等的机会。我希望为这一理想而活着，并去实现它。但如果需要的话，我也准备为它献出生命。”

无论我们身处哪个国家，无论我们身处哪个民族，都应该有自由，都应该有理想，尤其是年轻人，肩负着国家重任，肩负着民族大任，肩负着历史使命。无论我们的理想是什么，或个人或集体，都是崇高的，都是应该被允许的。如果连理想的自由都没有，我们就应该把追求自由作为我们的理想。有了理想，我们就应该追求，追求理想的道路永远不会一帆风顺，追求理想的道路从来都是艰苦卓绝，追求理想的道路从来都是困难重重，但是，我们不能退缩，我们不能放弃，只能一如既往，只能坚持不懈。成功不会来得太快，胜利不会来得太顺，我们的理想，要用一生来追求；我们的理想，要用一生来守候。

为理想，奋斗终身。这是曼德拉一生的写照。

为理想，奋斗终身。这也是曼德拉留给我们的遗产。

为理想，奋斗终身。这是我们对曼德拉最好的悼念。

14 根据形势需要而使用的战略战术

我按照甘地的模式看待非暴力。不能把非暴力看作是一种神圣不可违背的原则，而应当把它看作一种根据形势需要而使用的战略战术。

曼德拉所在的非国大在 1912 年成立时，本以温和、改良、合法反对派的形象出现，并长期保持这种形象。但是，南非白人统治者以残酷镇压来对付合法反抗，使温和派的反抗运动屡屡受挫，人们对改良普遍失望。

这之后，非国大才激进化，曼德拉也成为暴力反抗的领袖。1961 年 6 月，曼德拉创立了非国大军事力量“民族之矛”并担任总司令。成立一周以后，民族之矛在约翰内斯堡、伊丽莎白港水电站、邮电局、市政办公室制造了一系列爆炸事件。这样的暴力反抗一直持续多年，曼德拉因此被南非当局和美国列为恐怖分子。

回到当时的情境，如果曼德拉不采取暴力反抗，又能如何呢？

1960年，南非黑人发起“反通行证法”运动，结果是不携带通行证的黑人领袖被捕，和平示威被残酷镇压。在黑人城镇沙佩维尔镇的示威活动中，政府派军队动用催泪弹、飞机驱赶，最后警察向手无寸铁的示威群众开枪，打死69人，打伤180人。

曼德拉看到的，是“种族主义政权的狰狞面目和黑人群众在白人军警的子弹下痛苦呻吟的悲惨场景”，面对此情此景，他有没有除了暴力反抗外更好的手段？正因为曼德拉深知非暴力手段的局限性，所以在多年后依然强调“不能把非暴力看作是一种神圣不可违背的原则，而应当把它看作一种根据形势需要而使用的战略战术”。

眼见政府不断使用武力镇压黑人的抗议活动，曼德拉对非暴力原则逐渐失去了耐性，那感觉就像手持长矛加入到一场枪战之中，敌我力量甚为悬殊。

终于，在1961年，曼德拉赶往纳塔尔省与阿尔伯特·卢图利商讨变革问题。卢图利时任非洲人国民大会主席，并因领导非暴力反抗种族歧视运动而刚刚在上一年获得了诺贝尔和平奖。曼德拉常称他为“首长”，对他分外敬重。

在被问到卢图利对他提出的策略变化作何反应时，“他当然表示反对，因为他一直将‘非暴力’视为国民大会必须坚守的重要原则。”曼德拉回忆道，“而我和其他的一些人则认为非暴力行为只是一种策略，可以根据条件的转变随时进行调整与变更。这就是我与他在观点上的差异。”

当时，非洲人国民大会内部的许多印度裔成员坚定不移地反对放弃非暴力原则。据曼德拉回忆，著名的印度裔自由主义战士辛格也曾竭力反抗这一提议。“辛格不断发表讲话，以雄辩的口才反复强调：‘不，非暴力原则并没有让我们失望，是我们让非暴力失望。’你知道，他的这些口号具有强大的影响力。”正是如此，对于曼德拉而言，这些反对意见是一种“口号”，而非原则。他十分执著于自己的认识，坚信唯有开展武装游击斗争才有机会推翻种族隔离制度。他对我说：“这是一个和平手段与暴力手段孰优孰劣的问题，而客观条件是唯一的决定因素。”

曼德拉永远不会成为甘地——对于甘地而言，非暴力是倾尽一生孜孜以求的根本原则，任何违反这一原则而取得的胜利都毫无意义可言。不错，曼德拉更加愿意通过非暴力的方式实现目的，他对一切形式的暴力活动极为反感，但是，非暴力政策已经严重动摇了推翻种族隔离制度这一根本原则，这是他绝对无法接受的。

15 斗争以不同形式开始

我绝不会屈服，并且斗争对我来说并没有结束，而是以不同的形式刚刚开始。

1961 年 6 月，曼德拉果断放弃了非暴力信条，创立了非国大军事力量“民族之矛”并担任总司令。成立一周以后，“民族之矛”在约翰内斯堡、伊丽莎白港水电站、邮电局、市政办公室制造了一系列爆炸事件。在接下来的 29 年，这个组织还带来无数起流血冲突、汽车炸弹事件，非国大也就此被美国政府列为恐怖组织。

1962 年 1 月，曼德拉离开南非，在埃塞俄比亚和摩洛哥接受两个月军事训练，学习内容包括移动射击和进行爆破。这一年，曼德拉搜集和研究了多国游击战资料和关于武装斗争的著作，当他读到埃德加·斯诺的《红星照耀中国》时，他说，“中国革命真是一部杰作，是真正的杰作。如果你了解到他们开展革命的方式，就会相信所有事情皆有可能。中国革命真是个奇迹。”

曼德拉立下誓言：“我绝不会屈服，并且斗争对我来说并没有结束，而是以不同的形式刚刚开始。”被捕后，曼德拉在狱中熟读左翼著作。而他的“民族之矛”战友们，则在监狱外掀起了一波又一波猛烈的暴力行动，爱尔兰共和军为“民族之矛”提供炸药制造技术，东德国家安全部“斯塔西”则为其提供了训练支持，曼德拉当时的妻子也因为与几个“行为野蛮”的组织过从甚密而受到牵连。

直到曼德拉本人重拾非暴力并走上政坛后，他依然忘不了那些和老朋友们在一起的时光。

16 不向悲观低头

有许多黑暗的时刻，人道主义信仰一时经受了痛苦的考验，但是，我将不会也不可能会向悲观低头。向悲观低头就意味着失败和死亡。

1977年初，狱方宣布，政治犯从此不必再从事体力劳动，白天可以待在牢房里，在规定时间内可以到院子里活动。这不单是监狱当局为对付后勤供应而作出的决定，更是曼德拉等人不断抗争的一大胜利。

体力劳动解除后，曼德拉有更多的时间阅读、写信，与狱友们讨论问题或起草辩护状。此外，空余时间使他养成了两大爱好：园艺和打网球。

早在青年时代，曼德拉就曾是业余拳击手。从那时起，他养成了晨练的习惯。即使在罗本岛的监狱里，他也从未停止过锻炼。住进“牢笼”的第一周，他便在那狭小的空间里开始锻炼，保持充沛的精力和体力与敌人斗争。开始时，每天早晨起床后，不能外出长跑，他便改为原地跑、做仰卧起坐和俯卧撑等活动。停止体力劳动后，狱方允许犯人在院子里打网球，曼德拉一下子爱上了这项把跑、跳、四肢锻炼合为一体的综合性运动。打网球不仅可以增强体质，更可以在比赛中与其他狱友进行交流、沟通。

园艺与打网球不同，可以陶冶性情。几乎在刚到罗本岛时，曼德拉就要求狱方允许他在院子里开辟一小片菜园。多年来，狱方一直对此置之不理，但最终还是发了“慈悲”，允许曼德拉在院子里的一块狭长空地上开垦自己的小菜园。

院子里的土壤既干燥又多石头，种植前，曼德拉不得不先清除石块，他忙得不亦乐乎。狱方提供一些蔬菜种子，曼德拉便在他的那块菜园里种上了西红柿、辣椒和大蒜等，因为这些植物不需要太肥沃的土壤和太多的人工照料，只要有充足的阳光和适当的水分就可以生长得很好。

曼德拉曾在自传中回忆：“我基本上是一个乐观主义者。我说不清这种乐观主义是天生的还是后天培养起来的。这种乐观部分地来自迎着太阳勇往直前的勇气。有许多黑暗的时刻，人道主义信仰一时经受了痛苦的考验，但是，我将不会也不可能会向悲观低头。向悲观低头就意味着失败和死亡。”

17 走向自由是逆转不了的

走向自由，这是逆转不了的。不应当让恐惧妨碍了前进。在一个团结、民主和非种族主义的南非，普通选民的公民权是达成和平与种族和谐的唯一途径。

1990 年 2 月 11 日，经历了 27 年牢狱生活的曼德拉终于重获自由。这一天，他前往索韦托足球场，向 12 万人发表了他著名的“出狱演说”：“走向自由，这是逆转不了的。不应当让恐惧妨碍了前进。在一个团结、民主和非种族主义的南非，普通选民的公民权是达成和平与种族和谐的唯一途径。”

此时的曼德拉已经是一个 72 岁的老人。他用此后 20 多年诠释了“和解”的意义——那段光辉岁月。

1994 年 4 月 27 日，在全民享有公民权的情况下，南非举行第一次多民族选举，非洲人国民大会以高票数赢得大选。1994 年 5 月 10 日，在南非首次的多种族大选结果揭晓后，曼德拉成为南非历史上首位黑人总统。

在铁窗生涯劫后新生后，曼德拉的最大成就：一就是全面推行社会和政治变革，实施“重建与发展计划”；二就是制定颁布了南非新宪法，逐步确立了公民权利法案、三权分立制度、联邦制政府管理体制、多党制等重大原则和制度，为实现种族平等、保障民主和自由、促进国家发展，奠定了坚实的政治、经济和法制基础。

保障民权和自由平等是大势所趋、历史所向，任何人、任何势力都无法阻挡这一人类发展的基本方向。南非曾把种族歧视和种族隔离制度作为国家基本制度长期坚持，也曾将非国大、南非共产党等党派定为非法组织，并对新闻自由进行限制，但这一切都最终灰飞烟灭，归入尘土，就在昭示着一个颠簸不破的社会基本法则：灭人心人欲，天理无法永存；顺人心人望，才是人间正道！

18 不能让人民身上戴着枷锁

自由是看不见摸不着的，我的人民任何一个人身上戴着枷锁就等于所有人身上都戴着枷锁，而我的人民身上都戴着枷锁也就等于我的身上也戴着枷锁。

1980 年，《约翰内斯堡星期天邮报》发表了一则以“释放曼德拉”为标题的新闻报道。这则新闻引起了一场关于是否应该释放曼德拉的大讨论。

事实上，从 20 世纪 80 年代起，曼德拉就已经成为“全球最著名的囚犯”，也是最著名的反种族隔离斗士，国际上呼吁“释放曼德拉”的呼声越来越高：

1981 年，有人将法国 1.7 万人签名的请愿书送到巴黎的南非大使馆，要求释放曼德拉；

1982 年，1400 个欧洲城市的市长联名要求释放曼德拉；

到 8 月份，53 个国家的 2000 名市长联名要求释放曼德拉；

1983 年，荷兰国会要求荷兰政府敦促南非政府释放曼德拉和所有政治犯；

在英国，78 名议会议员要求释放曼德拉；

1984 年，美国 135 名众议员提交决议，呼吁释放曼德拉；

1985 年，英国 50 多名市长身着礼服，游行穿过伦敦，要求英国首相采取措施以保证曼德拉得以释放……

在此期间，众多组织还授予了曼德拉不计其数的奖状和荣誉：

1973 年，利兹大学的一名科学家发现了一种核粒子，并将其命名为“曼德拉粒子”；

第一个对南非实施经济制裁的印度，授予曼德拉“贾瓦哈拉尔·尼赫鲁国际理解奖”；

1983 年，南非联合国大使馆前的纽约广场被命名为“纳尔逊·曼德拉和温妮·曼德拉广场”；

1984 年，英国流行乐团“特别 AKA”乐队发行了名为“释放曼德拉”的唱片……

南非总统博塔坐不住了，他此刻面临着很大的压力，不得不对此有所回应。在博塔访问欧洲期间，德国右翼领导人弗朗茨·约瑟夫·斯特劳斯向他提议说，只要曼德拉承诺放弃暴力活动，就可以释放他。此一提议得到了博塔的认可，回来后，他告诉内阁说：“如果曼德拉拒绝了，那么全世界都会明白我们为什么不肯释放他。”

1985 年 1 月 31 日，博塔总统在南非议会宣布：如果曼德拉先生作出保证，以后不再策划和参与暴力活动，政府就会释放他。但是，如果他再采取暴力活动，他将会再次被捕。因此，曼德拉先生的自由现在在他自己手里，而不是在政府手里。政府要求他无条件放弃暴力这一政治手段，是世界上所有的文明国家都遵守的准则。

温妮在律师的陪同下，将这一消息告诉了曼德拉，曼德拉决心要做一次公开的回应。当天晚上，他精心准备了一份演讲稿，名为“告南非同胞书”，明确表达了他对博塔总统讲话的看法，并呼吁民众发动规模更为广泛的斗争行动。

1985 年 2 月 10 日，南非民众在索韦托里亚布拉尼体育场召开有 7000 人参加的集会，以庆祝图图大教主荣获诺贝尔和平奖。曼德拉的女儿津齐也来到了现场，并当众宣读了曼德拉的“告南非同胞书”：

“我的父亲不仅代表他自己，代表在波尔斯穆尔监狱的同志们，并且他希望代表所有那些因反抗种族隔离而被判刑、流放、监禁的人，以及代表那些在种族隔离制度下遭受折磨的人，代表那些反对种族隔离制度的人，代表那些被压迫、被奴役的人。在我们的斗争中，总有一些浑水摸鱼分子，他们自称是在为民谋利，并且以此到处炫耀，其实他们一文不值。我的父亲和他的同志们跟这种人没有共同之处。”

“在我的人民还没有获得合法地位时，政府给我的究竟是什么样的自由呢？既然我可以随时被逮捕，那我还有什么样的自由呢？当我的妻子被流放到布兰德福特时，我的家庭又有什么样的自由呢？当我只有拿上通行证才能找到工作时，我拥有的究竟是什么样的自由呢？”

“只有自由的人才能讨价还价，政府又怎么会跟囚犯进行一次公平的谈判呢？当我和你们，我的人民，还没有获得自由的时候，我不能也不会提供任何承诺。你们的自由和我的自由是分不开的。我迟早会回来的！”

这是 20 多年来人们首次听到曼德拉的声音，直接表明了他与非洲人国民大会共进退的立场。津齐的演说结束后，广场上大部分的人都受到了震撼，许多人泪流满面地离开。

在追求人人平等的人类历史变革中，曼德拉开辟了先河。林肯只是去掉了黑奴身上的枷锁，曼德拉实现了黑人与白人在社会制度上的平等。人类会怀念林肯，同时更会沿着曼德拉的路继续地走下去。

19/ 拥有自由意味着尊重和提升他人自由

拥有自由并不仅仅意味着摆脱自身的枷锁，而且还意味着以一种尊重和提升他人自由的方式生活。

1990年，刚迈出监狱的曼德拉，就面临着南非黑人渴望复仇的巨大压力，“把白人赶入大海”是黑人共同的呼声。

为了使南非前进而不是倒退，曼德拉呼吁黑人克制复仇的欲望，“把长矛扔进大海”。

但显然，曼德拉的选择注定在争取黑人兄弟的支持上困难重重。何况，在复杂的政治斗争中，任何一点小小的动作都可能被对手利用。比如德克勒克就利用了黑人政治势力中由布特莱齐领导的因卡塔自由党，让自由党在黑人内部挑起冲突。白人当局期望的是，黑人间的冲突越多，就越证明在南非实行白人专制是正确的。

流血冲突开始在南非各地上演，仅1990年3月就有230人在冲突中丧生。但曼德拉并没有像早年的自己一样，选择做一名推翻和打倒对立利益集团的“激进革命者”，他选择了和平抗议和谈判。

“我为反对白人种族统治进行斗争，我也为反对黑人专制而斗争。”曼德拉说。

为此，曼德拉数次约见德克勒克，抗议警察的不作为和偏袒因卡塔自由党，要求政府及时制止冲突，并领导非国大在 1991 年 11 月举行全国大罢工。大罢工使得南非经济体系瞬间停顿，白人中产者陷入恐慌。经济的滑坡终于让德克勒克陷入窘境，媒体在此当口又披露了白人政府暗中资助因卡塔自由党，让其制造暴力冲突的丑闻，德克勒克的声誉一落千丈。

南非终于迎来转机，越来越多的白人要求政府推动谈判，早日让社会秩序恢复正常。经过数月的唇枪舌剑，曼德拉代表的黑人政治力量与白人政府启动多次制宪谈判。德克勒克政府迫于形势做出妥协，在当年 12 月，南非议会通过了过渡期的临时宪法，南非历史上第一部体现种族平等的宪法终于出台了。

然而，就在局势峰回路转之时，1993 年 4 月 10 日，一起谋杀案又将整个南非推到了内战的边缘。克里斯·哈尼，一位被视为曼德拉接班人的南非新一代黑人政治人物，在约翰内斯堡被白人极端分子刺杀。

消息传出后，超过 200 万黑人走上街头，高举的拳头林立，路障与汽车在燃烧，白人防爆警察将枪支贴在胸前……图图大主教不断劝阻黑人同胞，要大家冷静，避免做出违背正义原则的行动，但黑人愤怒和仇恨却如火一般弥漫在南非大陆。

曼德拉赶往约翰内斯堡，并去往哈尼的村子安抚家属。

南非国家电视台和广播电台，播放了他对全体公民的讲话：“一名白人男子，满怀偏见和仇恨，来到我们的国家，犯下了滔天罪行，为这个国度带来了巨大灾难。一名白人女子，冒着生命危险，将暗杀分子公之于众，只为将其绳之以法”，“只有将悲痛、愤怒化为动力，向前迈进，建立一个真正的民有、民治、民享的政府，这才是拯救我们国家的唯一出路。”

全体南非人——包括愤怒的黑人，和忧心血腥报复的白人，在曼德拉的讲话中沉静了下来。之后，有 12 万人参加了哈尼的葬礼，但在现场再没有发生冲突。“1993 年那段时光，形势危急，战火一触即发。我敢肯定，没有他（曼德拉）出面，这个国家肯定会分崩离析”，图图大主教说。

1994 年 5 月 10 日，曼德拉总统就职演讲时说：“我们已成功地让我们千千万万的国人心中燃起希望。我们立下誓约，要建立一个让所有南非人，不论是黑人还是白人，都可以昂首阔步的社会。他们心中不再有恐惧，他们可以肯定自己拥有不可剥夺的人类尊严。”这掷地有声的宣言，使南非真正地自由起来了。

第二辑

和解：爱比恨更容易走进人类的内心

20 以能力而非凭借血统开辟道路

我很快认识到，我必须以自己的能力而不是凭借血统开辟自己的道路。

1995 年 11 月，为了“在弄清过去真相的基础上促进全国团结与民族和解”，南非成立了真相与和解委员会。虽然委员会主席是德高望重的大主教德斯蒙德 · 图图，但这是曼德拉思想的体现。

真相与和解委员会下设三个委员会，主要任务是：全面调查之前三十多年严重侵犯人权的事件；让受害者讲出真相，恢复他们的尊严，并研究补偿；对于有过严重侵犯人权行为但说出全部真相的嫌犯，予以大赦。

这个委员会成立之十多年里，处理了数以万计的案件，一些施害者得到宽恕。更为突出的是，审理不仅针对侵犯人权的白人，而且也处理了在反对白人统治斗争中侵犯人权的黑人。政府成立了受害者基金，对近 20 万人进行经济赔偿。

当然，真相与和解委员会的工作并非完美，在赢得赞誉的同时，也受到来自多方面的批评。但是，基于真相与和解这两块基石，南非历经种族斗争和仇恨之后，走上了一条和解之路。

与历史上无数“冤冤相报”和所谓“胜利者的正义”相比，真相与和解是一个极其不同的思路。

受南非启发，拉丁美洲的智利和危地马拉也成立了类似的机构。“真相与和解”也成为转型社会实施“迟来的正义”一条非常好的途径。

基于曼德拉的于公于私的“真相”、“宽容”与“和解”，他实在可以算是人类政治文明史上一个里程碑式的人物。在世界各地仍不断上演有关宗教、种族、民族、阶层等“复仇循环”的今天，曼德拉的“真相与和解”精神，是有着极大的启示作用。

曼德拉，早已成为一个时代的符号。南非不会忘记，全世界的人们亦不会忘记。“我必须以自己的能力而不是凭借血统开辟自己的道路。”

如南非那样集历史、种族、文化于一身的冲突，能通过伟人的点化，用说出真相与和解的方式解决，那么，这个世界上还有什么矛盾能阻止人类文明的发展？

21 把痛苦与怨恨留在身后

当我走出囚室迈向通往自由的监狱大门时，我已经清楚，自己如果不能把痛苦与怨恨留在身后，那么其实我人在狱中。

曼德拉因为领导反对白人种族隔离政策而入狱 27 年。在罗本岛时，他被关在总集中营一个“锌皮房”，白天打石头，将采石场采的大石块碎成石料。有时从冰冷的海水里捞取海带，还做采石灰的工作。他每天早晨排队到采石场，然后被解开脚镣，下到一个很大的石灰石田地，用尖镐和铁锹挖掘石灰石。因为曼德拉是要犯,专门看守他的人就有 3 个。他们对他并不友好，总是寻找各种理由虐待他。

1990 年，曼德拉出狱。1994 年 4 月，非国大在南非首次不分种族的大选中获胜。同年 5 月，曼德拉成为南非第一位黑人总统。

曼德拉在他的总统就职典礼上的一个举动震惊了整个世界。总统就职仪式开始了，曼德拉起身致辞欢迎来宾。他先介绍了来自世界各国的政要，然后他说，虽然他深感荣幸能接待这么多尊贵的客人，但他最高兴的是当初他被关在罗本岛监狱时，看守他的 3 名前狱方人员也能到场。他邀请他们站起身，以便他能介绍给大家。

曼德拉博大的胸襟和宽宏的精神，让南非那些残酷虐待了他 27 年的白人无地自容，也让所有到场的人肃然起敬。看着年迈的曼德拉缓缓站起身来，恭敬地向 3 个曾关押他的看守致敬，在场的所有的来宾以至于整个世界都静下来了。他说："当我走出囚室迈向通往自由的监狱大门时，我已经清楚，自己如果不能把痛苦与怨恨留在身后，那么其实我人在狱中。"

后来，曼德拉向朋友们解释说，自己年轻时性子很急，脾气暴躁，正是在狱中学会了控制情绪才活了下来。他的牢狱岁月给了他时间与激励，使他学会了如何处理自己遭遇苦难的痛苦。他说，感恩与宽容经常是源自痛苦与磨难的，必须以极大的毅力来训练。

22 爱比恨更容易走进人类的内心

没有人生来就因为皮肤颜色、出生地或宗教信仰去恨另一个人。恨需要学习，既然人们能够学会恨，那么同样可以教会他们爱。爱比恨更容易走进人类的内心。

2013年7月18日，在曼德拉95岁生辰的时候，美国前总统比尔·克林顿致辞称，曼德拉是自己的偶像，其激励了他“走上竞选总统之路，并获得最终胜利”，他相信，会有一代又一代的年轻人在曼德拉精神的指引下，投身自由与和平的事业。

1998年3月，时任美国总统的克林顿曾到访南非，当时，他与曼德拉一同参观了曾关押了曼德拉18年的牢房。克林顿问曼德拉，是否对27年铁窗生涯心怀仇恨，曼德拉对克林顿说，曾经仇恨过，但他意识到如果一直仇恨下去，他将永远是种族隔离主义分子的囚徒，因此还不如放手，让内心重获自由。

当时，深受性丑闻困扰的克林顿还向曼德拉求助，曼德拉对他说，原谅批评者才能使他免于更大的毁灭。克林顿在其自传《我的生活》中披露，自己当时接受了曼德拉劝告，他原谅了当时鼓动对他进行弹劾的人。他说："你这么做不是为他人，而是为你自己。如果你不放手，这事会继续烦扰你。"

曼德拉认为，恨需要学习，既然人们能够学会恨，那么同样可以教会他们爱。爱比恨更容易走进人类的内心。

这正是他最大的人格魅力所在。

我们来听听美国演员、导演克林特·伊斯特伍德是怎么说的："我不信教，但需要某个道德更加高尚的人作为榜样，就像曼德拉一样。上帝说，原谅他们，因为他们不知道自己在做什么。曼德拉在做同样的事。"

23 和你的敌人一起努力

假如你想和你的敌人构建和平，那你必须和你的敌人一起努力，那样他就变成了你的战友。

20 世纪 80 年代，南非白人当局推行的种族隔离制度走到穷途末路。在国内，因为要对付黑人的反抗，用于维护军队、警察、监狱等暴力机器运行的成本越来越高，占到财政总支出 30% 以上；在国际上，当局更是四面楚歌，各国对其进行经济、文化、体育交流等全方位的制裁。

时任总统博塔面前的红人、国家情报局局长巴纳德是一个不折不扣的种族主义者。然而，他在综合分析国内外局势后，做出一个判断："军队和警方认为要通过武力方式彻底解决争端是一条歧途。政治协商是解决这个国家各种问题的唯一途径。"

博塔采纳了巴纳德等理性高官的意见，决定将和谈作为解决问题的一个选项。

1989 年 7 月 5 日，南非监狱管理局局长亲自陪同曼德拉，驱车来到博塔在开普敦的总统官邸。促使这次会面的巴纳德和司法部部长库切在办公室外等候着。

此时，博塔刚从一次中风缓过来，他的身体状况恰如外强中干的南非国民党政府。

曼德拉在回忆录里描绘了他们见面的情景："博塔从他气派的办公室对面朝我走过来。显然，他事先已经对自己的步幅作过演练，因为我们正好到达房中间的时候走到了一起，他笑容满面地伸出了手，事实上，从这一时刻开始，他完全使我放松了下来。他客气、恭敬而友好，显得有点儿令人难以置信。"

这次会谈只进行了半个小时。曼德拉渊博的知识、不俗的气质和坦诚的态度，让黑人眼中的凶残"鳄鱼"博塔深感佩服。曼德拉将黑人争取自由和解放的斗争和一百年前荷兰裔布尔人摆脱英国殖民者所进行的浴血战争相比拟。曼德拉还提到了博塔的祖父和父亲，这两位都是"英布战争"中的英雄。

然而，博塔并没有收获到和谈的果实，与曼德拉会面后不久，他因再次中风不能理事，将权力移交给副总统德克勒克。

德克勒克正式接任总统后，立刻推进大刀阔斧的改革。1990年2月初，他在议会上宣布解除党禁，承认非国大等政治组织的合法地位，释放政治犯。2月11日，曼德拉走出监狱。获得自由的他立刻以非国大和黑人的领袖身份与政府进行和谈。

和谈是艰难的，几百年里，两个种族的对立和冲突留下的伤痕太深了，要与白人集团讨价还价，寻找彼此都能接受的方案。

德克勒克坚持在人数占优势的黑人面前，继续保持白人的特权，以此平衡人数的落差。但曼德拉明确告诉德克勒克，非国大坚决反对，这种"团体权利"的说法是变换名词的种族隔离。他坚持，不论种族人人平等，一人一票进行选举。

与此同时，黑人内部也出现了很大的分歧，以布特莱齐为首的“因卡塔自由党”为了在未来的政治权力分配中占有更大的利益，不惜挑起黑人内部的残杀，使南非种族和谈的进程几乎夭折。

黑人部族之间的矛盾、城乡矛盾被白人政府和“因卡塔自由党”高层利用。1990 年和谈开始后，黑人之间的仇杀频频发生。仅 3 月就有 230 人在冲突中丧生。而在这一年，整个南非在冲突中死去的人数达 3500 多人，超过此前 5 年的总和。

最终，曼德拉和德克勒克、黑人大主教图图等人合作，制止了黑人之间大规模的冲突，避免了南非陷入内战的深渊。曼德拉和曾经的敌人德克勒克也因此在 1993 年分享了诺贝尔和平奖。

1994 年 4 月 26 日，南非如期举行大选，数百年来被视为异类而被剥夺公民权的黑人拥有了和白人一样的投票权。非国大获得了 62.65% 的选票，成为议会第一大党，曼德拉当选为总统，德克勒克任第二副总统。

24 机智的斗争让人尊敬你

一个人一旦开始与某些人或事情作斗争的时候，就连敌人都会尊敬你，尤其是机智的斗争。

中国古人言："宰相肚里能撑船"，作为一位当代伟人，曼德拉博大宽广的胸怀备受世人敬仰。2000 年，南非全国警察总署发生了这样一件严重的种族歧视事件：

在总部大楼的一间办公室里，当工作人员开启电脑时，电脑屏幕上的曼德拉头像竟逐渐变成了"大猩猩"，全国警察总监和公安部长闻之勃然大怒，南非人民也因之义愤填膺。

消息传到曼德拉的耳朵里，他反而非常平静，对这件事并不"过分在意"，"我的尊严并不会因此而受到损害"，并表示警察总署出现了这类问题，看来需要整肃纪律了。

几天后，在参加南非地方选举投票时，当投票站的工作人员例行公事地看着曼德拉身份证上的照片与其本人对照时，曼德拉慈祥地一笑：

“你看我像大猩猩吗？”逗得在场的人笑得合不拢嘴。

在南非东部农村地区一所新建学校的竣工典礼上，曼德拉无不幽默地对孩子们说：“看到你们有这样的好学校，连大猩猩都十分高兴。”话音刚落，数百名孩子笑得前仰后合，曼德拉也会心地笑了。

机智的斗争，就连敌人也尊敬你。

巧用别人对自己的恶作剧，反用幽默活跃气氛，在这里，幽默成为曼德拉博大胸怀的自然写照，书写着一个坦荡而豁达的胸襟，体现着一种包容万事万物的海量。

25 对自由的渴望变成对所有人自由的渴望

在那漫长而孤独的岁月中，我对自己的人民获得自由的渴望变成了一种对所有人，包括白人和黑人，都获得自由的渴望。

在担任总统之前，曼德拉与极右翼领导人康斯坦德之间曾有过一次深入的对谈。

对于这位对手，曼德拉充满敬意，虽然政见不同，他认为康斯坦德却是一个诚信的人。作为极右翼武装军的领袖，康斯坦德在会议开始就要求曼德拉保证“必须得让白人民众相信非国大执掌政权后，他们的生活会一切如常，您知道这有多难。如果您做不到，这（指向黑人统治和平过渡）是可以终止的。”

曼德拉知道康斯坦德一直会注视着他，看他如何融化白人的心。

曼德拉想了许多办法，最奇绝的一招是用体育赛事来促进和解。在南非漫长的种族隔离期间，橄榄球曾是白人的专属运动，被黑人视为种族压迫的象征，曼德拉也不例外。在狱中时，每当南非国家橄榄球队

“跳羚”队与外国球队对垒，他肯定会支持外国球队。

但如今身为全南非人总统的曼德拉，他要求自己要爱上“跳羚”队和队里的小伙子。海索姆作为曼德拉在总统任期的法律顾问见证了这一切，他承认“曼德拉心里非常清楚世界杯橄榄球赛是一件强有力的武器，并视作他五年任期内的头号战略，这是一件融合了政治与个人、精明与本能诸多因素的事件”。

此后，呈现在公众视野中的是，曼德拉以自己的力量，促成了南非成为橄榄球世界杯决赛的举办地；说服非国大内部的反对力量，探望“跳羚”队队员，为他们鼓气加油；与白人队长皮纳尔促膝长谈，帮助队员放下包袱；他甚至带着“跳羚”队深入黑人社区，教孩子们打橄榄球。

在公众视野之外的，是曼德拉一次次堪称“苦口婆心”的劝说。大赛之前，他曾戴上“跳羚”队的帽子出现在非国大支持者集会上，演讲地是埃扎汉尼，一个麻烦成堆的地方。曼德拉深知这里的黑人曾忍受过旧体制最糟糕的待遇，群众痛恨当地白人农场主，但他还是去了。

“明天下午，我们的小伙子们要和法国队比赛，我要对我们的小伙子们表示敬意”。此话一出，黑人观众嘘声一片。曼德拉不予理会，继续说：“大家不能眼光短浅，不可感情用事。从事国家建构，就要付出代价，白人也同样付出了代价。白人在体育方面向黑人开放，这是一种让步；而我们现在就必须欣然支持这支橄榄球队，我们必须这么做。”

“羚队”在那届的比赛中异常顺利，在队长皮纳尔的带领下，一路闯进了决赛。决赛那天，南非万人空巷，不管黑人白人，都聚在电视机前。当身穿球队 6 号球衣的曼德拉亲自到球场加油时，球场沸腾了。黑人与白人，忘却了肤色和曾经残酷的种族隔离，他们高声呐喊。“跳羚”队在决赛时本是比分落后，却在最后反败为胜，力捧金杯。

颁奖时，曼德拉身穿绿色球衣，为皮纳尔和球队颁发奖杯。皮纳尔接过奖杯，曼德拉的左手搭在他的右肩上：“弗朗索瓦，非常感谢你为国家做出的贡献。”皮纳尔看着曼德拉的眼睛，回答：“不，总统先生，应该感谢您为我们国家做出的一切。”

此时，球场上再次想起欢呼声，黑人与白人一起呼喊曼德拉的名字，“纳尔逊、纳尔逊”，激动的荷兰裔白人甚至喃喃自语，“他是我的总统，他是我的总统”。

一共被感动的还有原司法部长科比库切，“眼前的局面超过一切已经取得的成就，我们白人曾经是他的敌手。但看着他与皮纳尔站在一起，我哭了。一切都是值得的，承受过的所有痛苦都是值得的。”

而对于曼德拉本人，其实他根本没想到赢得世界杯竟能产生如此影响。“我所做的不过是尽我的职责，只想调动起南非民众的积极性，支持橄榄球队，影响荷兰裔白人。”但体育的策略最终令他取得了成功，“造就南非人”并未花费预想中的五年时间，仅仅用了一年，曼德拉就消除了右翼的威胁。

一直看着曼德拉的康斯坦德说话更为中肯，“曼德拉的成功，让白人不知不觉中把我这个将军的责任转化为了自己的责任。”

“跳羚”队获胜后，过了几周，曼德拉在一个周日前往一座荷兰归正会教堂做礼拜，这是一个曾试图用《圣经》中的内容为种族隔离正名的教会。橄榄球赛的影响持续了下去，礼拜结束后，白人围过来，像橄榄球比赛时争球一样把曼德拉紧紧围在中间，这情形和非国大在全国乡镇举行集会时如出一辙。曼德拉自己回忆说：“人们纷纷伸出手，想与我握手。还有人想亲吻我的脸颊！人群拥挤，我被他们从一根柱子挤到另一根柱子，还丢了一只鞋。”

那一时刻，南非终于团结成一个国家。曼德拉在狱中“对所有人，包括白人和黑人，都获得自由的渴望”的梦想终于实现了。

26 不要连累值得尊敬的人

在和某位值得尊敬的人打交道时，我不愿意连累他，使他陷入困境。这就是我的立场。

曼德拉与艾哈迈德·卡特拉达谈论 1960 年国家处于紧急状态时遭扣留但却可以回办公室的情况时，说：“我每天从早到晚都待在那儿，偶尔会到楼下咖啡馆去转转，买点东西。有时温妮会来看我，跟着我的警察有几次就把头转了过头。我们之间有君子协议：我不会逃跑，以免给他带来麻烦，而他给我适度的自由，如果我逃跑，这种自由就没有了。”

卡特拉达问：“后来你说你很想尝试逃出去。是不是你的思想有所改变，又或者仅仅是因为义气与原则在作斗争？”

曼德拉回答到：“你知道吗，这可是个技术问题。”

卡特拉达惊讶：“啊……”

曼德拉：“我的意思是，按照犯人的身份来讲，我会抓住一切机会逃跑。但是在和某位值得尊敬的人打交道时，我不愿意连累他，使他陷入困境。这就是我的立场。”

曼德拉感动人的不是他如何进行斗争，而是他的品格魅力，他的信念。宽容、宽恕，是曼德拉的第一人格品行。

1962 年的这次被捕，实际上是内部出了叛徒，他知道，因为警察不可能如此准确地认出他将其逮捕，但他从未追究过，谈起此事，他只说是自己太大意。由于他的高尚品格，监管他的人看守也被他所感化，最终成为他的保护人、朋友和追随者。当这名看守第一次来到罗本岛时，曼德拉很有礼貌地对他说："早上好，欢迎你来到罗本岛。"在几次拘押转移中他都有机会逃走，但他没有。他认为，在别人信任自己时，自己也一定要对得起这份信任。

27/ 为自己的原则和思想而战

即使你我之间的斗争演变到最激烈的程度，我也希望我们彼此是在没有仇恨的情况下，为自己的原则和思想而战。

在荣欣塔巴酋长的资助下，曼德拉进入了黑尔堡大学——南非唯一一所面向黑人开放的学府。这是一处规模甚小的高等教育机构，校园面积不大，维多利亚风格的建筑环绕在绿地周围。曼德拉前往求学的时期，校内大约只有一百五十名学生。那里像是一座培育人才的暖房，不仅走出了大量传统的非洲部落领袖，还产生了许多如曼德拉一般的未来革命家。校内的学生几乎都是与曼德拉年龄相仿的年轻人，大多来自家境富足的黑人贵族家庭，或是在教会学校中表现突出的学生。他们有良好的教养，惯于身着西装，并接受到校方的严格管理。大学的校长是亚历山大·科尔，这位严厉而博学的苏格兰人对学生要求甚严，同时又为学校感到自豪。曼德拉有个来自腾布王室的侄子马坦兹马，当时正于该校高年级就读。马坦兹马是一个高大而骄傲的小伙子，不仅年龄比曼德拉大些，还享有酋长继承权。曼德拉对他怀有一种偶像式的崇拜。

在黑尔堡大学，曼德拉是广受欢迎的学生，因为他朝气蓬勃、头脑聪明，而且风度翩翩，善于运动，待人诚恳。二年级的时候，曼德拉参加了一场抗议活动，比起种族歧视问题，这次反抗所针对的主题相当平淡——一些对学校饮食感到不满的学生决定对学生会选举进行抵制。但是，仍然有相当一部分学生参加了竞选投票，结果曼德拉被选为学生干事。这一结果令他颇感为难，由于并非以多数票当选，他认为这次选举缺乏合法的性质。而科尔校长却坚持要求曼德拉与其他被选出的学生干事承担起自己的职责，并向他发出了最后通牒：要么担任学生会职务，要么离开黑尔堡大学。曼德拉曾这样重述事情的经过："当时我吓坏了，于是把这些情况告诉了马坦兹马。他对我说：'不用担心，这是一个原则问题。你就直截了当地告诉校方，你不会参加学生会。'于是，我就这样回复了科尔校长。那时我对马坦兹马的敬畏甚至超过了对校长的畏惧。"科尔要求他做出选择。最终，曼德拉坚持了自己的原则，从此离开了这所学校。

曼德拉低声轻笑着讲述了这个故事，他在笑当年那个莽撞年少的自己所做的抉择，那是年老后的曼德拉绝对不会采取的行动，而且也不会建议任何人做出那样的决定。年轻的曼德拉就这样放弃了宝贵的教育机会，如果他能完成学业，也许会在反抗歧视的斗争中发挥更加卓越的才能。并非一切原则都是等重的，因此必须权衡利弊，为自己的原则和思想而战，守卫最为关键的信念。

28 不要被偏见和短视的铁栅囚禁

压迫者和被压迫者一样需要获得解放。夺走别人自由的人是仇恨的囚徒，他被偏见和短视的铁栅囚禁着。

为了黑人生存的尊严，为了与种族隔离、种族歧视作斗争，自己的生命中 27 年美好时光在监狱中度过。这就是这样一位被野蛮与暴力无数次侵犯和摧残的人，却带领南非人民以非暴力的方式结束了世界上最黑暗的种族隔离制度。他执政后建立的真相与和解委员会，在还原历史真相、揭露种族歧视的野蛮罪行的基础上，让一个充斥歧视与暴力的社会走上了相互宽容的和解之路。曼德拉在缔造新南非的同时，为全世界树立了一个彰显和平精神的光辉典范。

1994 年 5 月 10 日，曼德拉宣誓就任南非总统，但是种族对立仍然严重，国家裂痕触目惊心。在大选前，观察家已经担心南非将发生内战或者大屠杀，曼德拉当选总统后观察家仍然悲观。曼德拉说说 ：“我明白，压迫者和被压迫者一样，必须获得解放。夺走别人自由的人是仇恨的囚徒，他被偏见和短视的铁栏囚禁着。如果我夺走了别人的自由，我也不享有真正的自由。压迫者和被压迫者都被剥夺了人格尊严。”

曼德拉的人格伟大，绝不仅仅只是个人魅力。南非最黑暗的时期，曼德拉本人在监狱中被关押了 27 年，从进入牢门时的青年，到走出牢门时的老人。虽然他本人，还有他的家人，不断受到南非白人种族主义政权的迫害，但曼德拉并没有带着仇恨出牢门。众所周知，人类历史上一个国家从旧体制转向新体制，大多伴随着暴力、冲突甚至是战争，尤其在非洲大陆。但曼德拉领导的南非没有重蹈覆辙，他在执政期间，推行民族和解政策，倡导种族平等，宣传包容思想，为非洲大陆也为全世界树立了榜样。他的思维传播给全世界的就是包容与和解，是用尊严和善良化解仇恨；而我们这个弱肉强食的现实的世界，恰恰缺乏的就是这种精神。

“仁爱和宽恕是打开南非未来之门的钥匙，仇恨只能让南非继续堕落。”曼德拉说。

曼德拉的和解和团结理念给非洲这个种族与部族矛盾不断的大陆带来了希望，对结束非洲大陆以眼还眼、以牙还牙的政治暴力循环具有非常重要的借鉴意义。这也让他成为了耸立在世人面前的一座伟大丰碑，今天全世界不分种族、不分政治理念、不分阶级的人们给予他的崇高评价与敬意，充分诠释了这个看似简朴的价值观，而曼德拉做到了，所以他永远值得我们怀念。

29／圣人就是不断努力尝试改进自我的罪人

刚开始的时候，去剖析自己生活中的负面因素或许很困难，但是一旦坚持尝试 10 次，就会得到很好的效果。不要忘记，所谓的圣人其实就是不断努力尝试改进自我的罪人。

当曼德拉还是一名法律系的穷学生时，有一天他去拜访沃尔特·西苏鲁，西苏鲁衣着得体，微笑着接待了他，这让曼德拉感到很温暖。曼德拉认定西苏鲁是他的榜样。之后，曼德拉十分注重自己的形象，他每次在公众面前亮相，总是打扮得大方得体，笑脸盈盈。

1994 年曼德拉竞选南非总统时，他的外型，特别是微笑为他赚了很多分。对南非白人来说，曼德拉的微笑意味着他同情他们，而且他带来的苦味将会少一点；对黑人选民来说，这意味着他是一个快乐的勇士，而且他将带来胜利。画有曼德拉笑脸的海报一度充斥着南非许多城市的大街小巷。

人无完人，人需要不断地学习和改进自己。曼德拉这种自我审视的精神，在他的谈话中我们可以了解得更加透彻。他是这么说的：

“偶然间，你就会明白监狱是认识自我的理想场所，同时也是从现实的角度定期探寻个人的思想和感情的理想场所。在评判个体成长的过程中，我们习惯以外部因素作为标准，例如一个人的社会地位、社会影响力、知名度、拥有的财富和教育水平。当然，在衡量一个人的成功方面，这些物质标准很重要。”

“因此，许多人都在努力奋斗，积极获取这方面的成功，这是完全可以理解的。但是在评判作为人的发展时，内部因素则显得更为重要。诚实、真诚、纯朴、谦逊、真正的慷慨、不慕虚荣、愿意为他人服务，这些内在特质是每个人都很容易做到的，同时也是个体精神生活的基础。但是，如果没有认真地进行自我反思，没有认识到自我或自己的缺点和错误，上述特质就不可能形成。”

“监狱不能带给一个人什么，但是在这里，一个人至少每天都有时间去反思自己全天的行为，去克服一些不好的方面，然后发挥出内在美好的方面。定期沉思，在每天睡觉前和自己对话 15 分钟，是很有好处的。刚开始的时候，去剖析自己生活中的负面因素或许很困难，但是一旦坚持尝试 10 次，就会得到很好的效果。不要忘记，所谓的圣人其实就是不断努力尝试改进自我的罪人。”

曼德拉承认犯过很多很多错误，有的给别人带来了伤害，有的甚至牺牲了别人的性命。当被问及是否幸福时，曼德拉皱起眉头。许久他才说了一句希腊哲人的话：“在知道一个人的结局之前，不要轻言幸福。”

30 跟敌人和解是一门艺术

和解是一门领导艺术，但不是跟朋友的和解，而是跟敌人的和解。

20 世纪 90 年代初，曼德拉看出，虽然局势混乱，但白人确有意和解，在这种情况下选择非暴力，将迎来最终的和平。于是曼德拉转而成为非暴力的倡导者。

1993 年，被视为曼德拉接班人的“民族之矛”前参谋长哈尼在约翰内斯堡郊区的寓所附近被白人枪手暗杀，震惊了南非和全世界。全南非的黑人愤怒了，超过 200 万人走上街头，愤怒和仇恨一时间弥漫非洲之角。 在内乱一触即发的紧急时刻，曼德拉却不怕得罪主流民意和自己的支持者，通过国家电视台和广播电台向全体公民讲话，要求黑人民众保持平静。他强调，杀死哈尼的是白人，然而，记下了凶手的车牌并及时报警的，也是白人。曼德拉清醒地指出，“将悲痛、愤怒化为动力，向前迈进，建立一个真正的民有、民治、民享的政府，这才是拯救我们国家的唯一出路”。

或许是出于本性，和解几乎是人类最不善于做的事情。难以跳出仇恨，过往的悲伤回忆成为一切矛盾与争端得以持续的心理依据。进入新世纪，人类仍难以将旧时代的罪恶与矛盾荡涤一清，深陷于写满伤害与仇恨的记忆中无法自拔。也正因此，过去那个世纪中人类所体现出的和解智慧被反复强调，做出此类善行的人物也被久久铭记。这解释了人们为什么对曼德拉心怀感念。

曼德拉浑身散发着魅力——他总能凭借自身魅力去影响他的敌人，而不仅仅是朋友。他常说，要与朋友保持紧密的关系，与对手保持更加紧密的关系。

很多被邀请到曼德拉家中做客的客人其实并不是他完全信任的人。曼德拉却能和他们一起进餐，向他们咨询意见，甚至说好话恭维他们并给他们送礼物。

曼德拉的智囊团中有一些他不喜欢的人，但他和这些人都保持着良好的关系。他会在他们生日的时候打电话祝他们生日快乐，也会去参加他们的家庭葬礼。在他获释后，他的朋友清单中有当年的狱卒，他的内阁中也有当年令他入狱的那帮人。

曼德拉相信拥抱敌人是控制他们的方法之一：和把敌人融入自己的势力范围相比，敌人的独立存在更加危险。

对抗不如对话，和解才是出路。

31 和平手段可以转变喜欢用武力解决问题的人

使用和平的手段可以让最坚定、最喜欢用武力解决问题的人转变过来。

尽管曼德拉有理由以暴易暴，但他并没有无原则地使用暴力。他主导的袭击，主要针对官方建筑物与军事、经济设施，避免杀伤“软目标”（人），希望以此唤起白人良知、逼迫当局妥协。这和当时别的激进反抗组织——如泛非大着重袭击人员、杀害警察、密探、“黑奸”（为白人当局效力的黑人）的做法不可相提并论。

这种思维也一直延续到他日后的执政理念以及对待国际事务的态度中。

2002 年 10 月，伊拉克局势已经十分紧张，美国政府一直威胁要对伊拉克动武。已经卸去南非总统职务的曼德拉公开表示，愿意去伊拉克充当人盾，维护和平。这一言论经南非媒体报道后，引起曼德拉支持者的强烈反应，他们纷纷表示“不能让曼德拉去冒这个险，愿意亲自代替曼德拉前往伊拉克”。

“在这次伊拉克战争中，我们看见了美国和布什的一举一动，到底谁是世界的威胁?!”曼德拉如此谴责美国前总统布什肆意践踏伊拉克主权。

当美国前总统布什怀揣着支票本为改善美国的国际形象开始非洲之行时，曼德拉也选择在此时出访欧洲，避免与声称一直仰慕他的布什见面。曼德拉是在以自己的方式向美国的强权主义抗议。虽然岁月染白了曼德拉的双鬓，27 年的牢狱生涯使老人步履蹒跚，但老人的脊梁始终挺直，头颅一直高贵地昂着。他一直在为建立一个更公平、更正义的世界而努力，当强权侵凌弱小时总能听到老人的不平之音。

在伊拉克问题上，曼德拉态度明确，他认为伊拉克应该执行联合国有关决议，销毁大规模杀伤性武器；同时美国应该给和平一个机会，即使要动武，也必须得到安理会批准。因为他清楚地看到，如果美国绕开联合国攻打伊拉克，世界将进入弱肉强食的丛林时代。而对以弱国、小国为主的非洲大陆来说，这是一个危险的信号。一开始，曼德拉认为是美国国防部长拉姆斯菲尔德等鹰派在“误导”布什，但当他发现布什一心一意想发动对伊战争时，他就明确地批评布什“无法正确地思考”，并在会见法国外长时盛赞法国总统希拉克，他说：“希拉克总统在伊拉克问题上采取了正确的态度。他没有支持战争，而是支持和平。”

“人类的错误总是离不开战争，而且其代价通常是昂贵的。正是由于我们知道要发生这样的悲剧，我们作出武装斗争的决定时才显得那么慎重和无奈。”这，就是曼德拉的态度。

32 沟通是让人信服的最好方法

相互沟通是让每个人都信服的最好的方法……就算是监狱里资格最好的看守，如果你能坐下来好好地跟他谈话，他都会被软化，被你说服……

监狱的看守和警官从未见过曼德拉这种自信而有尊严的囚犯，并且还是一个黑人。

曼德拉的行为成功地改变了他们的态度。他会在早上试着同监狱长握手，会说早上好，还问他们妻子和孩子的情况。曼德拉总是以礼相待，特别是对有些年轻的看守，他就像父亲一样。有些看守还帮助曼德拉等人传递信息，有的甚至还同他建立了深厚的情感。曼德拉和白人看守詹姆斯·格列高里的深厚情谊即是一例。

看守曼德拉整整20年的白人格列高里起初认为，曼德拉是一个“恐怖分子”。渐渐地，他被曼德拉身上某种东西触动了。后来他回忆说：“我那时对他们那些黑人领袖仍持有偏见，认为像政府宣传的那样，他们要杀害我们的家人，夺走我们的家园，实行多数黑人统治。通过一段时间的接触，我发现曼德拉是一位天生的领袖人物，我开始尊敬他。”

曼德拉被列为罗本岛的“头号政治犯”，但他自始至终都很温和。在格列高里记忆中，20 年里，他只见曼德拉发过一次火。一次，一个白人看守讥笑曼德拉是个“白白浪费时间的黑种”，那时曼德拉正在狱中攻读法律硕士学位课程。当时，曼德拉的声音都发抖了，他对那个白人看守说：“你身上只有这一件制服让我尊重，别以为有朝一日你的白皮肤会救你。”

1982 年，曼德拉离开罗本岛，转到波尔斯摩尔监狱，开始新的囚禁。在非国大和南非黑人民众年复一年强烈要求释放曼德拉、释放政治犯的背景下，那一次，曼德拉前列腺手术住进了医院，而曼德拉的妻子温妮在列车上邂逅司法部长，她居然说动了部长，到医院看望曼德拉。

这就促成和启动了曼德拉和当局高层的对话和谈判，探求解决问题的办法。而后，一发不可收，一次又一次，谈了 48 次，曼德拉要求和总统见面。

正是曼德拉意识到并不断地与人进行理性的沟通，才有了这次机会。

总统“寻讯”，非同小可，场面颇为滑稽。阶下囚曼德拉趿拉着鞋，被带到总统办公室门口，安全官员发现他没系鞋带（监狱不准犯人系鞋带），赶快叫人找来两根鞋带，弯着腰替他系上。

漫漫自由路，峰回路转时。1990 年 2 月 11 日，南非当局在国内外舆论压力下，被迫无条件释放曼德拉，此时，老人 73 岁。

33 愿所有人有工作、面包、水和盐

但愿普天下所有的人有工作、面包、水和盐。

1999 年走下总统宝座后，年事已高的曼德拉并没有在家里享清福，而是投身到抗击艾滋病的斗争中，并为南非争得了 2010 年足球世界杯的举办权。

离开总统府后，人们并没有因为曼德拉的卸任而降低对他的期望，而他本身闲不住的个性也使他无法停下忙碌的脚步。曼德拉基金会成立后，他将工作重点放在了改善农村儿童受教育条件和帮助解决艾滋病问题这两个项目上。

曼德拉的努力已经硕果累累。在南非最贫困的东开普省，基金会和当地教育部门合作，改造和新建了 15 所“曼德拉学校”，学校有了新教室、新办公室、新厕所，孩子们有了教材，空荡荡的图书馆了有了书籍，而且，那些穷人的孩子第一次在学校里看到了电脑，接触了互联网。

曼德拉同时也是一名投身艾滋病防治事业的先锋，他和一位年轻的艾滋病女患者拥抱的照片在南非媒体上频频出现，呼吁大家不要歧视艾滋病患者，并积极为南非的艾滋病患者筹措资金。曼德拉基金会和南非的科研机构 2002 年联合做的南非艾滋病蔓延情况的调查也是目前公认比较准确和权威的一份调查报告。

为了给基金会筹集善款，这位可敬的老人 2004 年 3 月别出心裁：以他多年牢狱生涯中的绘画作品等为主题，设计和生产系列服装。

曼德拉在罗本岛度过的 18 年的铁窗生涯中，“46664”成为了其在监狱的服刑时的代号，意为 1964 年的第 466 名犯人。从总统职位上退休后，就把相当大的精力倾注在南非的抗艾滋病工作上，并以“46664”作为慈善募捐运动的名称，并在南非举行了多届“46664”大型慈善音乐会，影响巨大。

据报道，慈善音乐会选用这一代号，旨在唤起人们预防、抗击和最终战胜艾滋病的意识、信心与决心，在全球范围内打响一场抗击艾滋病的战斗。

此外，曼德拉生前还任命足球运动员罗纳尔多和菲戈为“46664”运动的形象大使，以前获得这一殊荣的还有好莱坞电影明星威尔·史密斯等。

2005 年，在约翰内斯堡举行的“非洲反贫困”慈善音乐会上，已经 87 岁高龄的曼德拉呼吁八国集团以实际行动帮助非洲摆脱贫困。

2007 年 7 月 18 日，曼德拉迎来了他 89 岁生日。在这一天，由他发起成立的国际长者会也在南非城市约翰内斯堡宣告成立。

34 大量贫穷和不平等是这个时代的大苦难

大量贫穷和丑恶的不平等都是我们这个时代——世界夸耀着科学、技术、工业和财富累积取得惊人进展的时代——的大苦难。

“虽然我已经宣布正式退休，退出公众视线，但我想在这个世界上只要贫困、不公、不平等依然存在，我们每个人就不可能真正得到安宁。”2005 年 3 月，曼德拉出席在伦敦的特拉法加广场举行的公开反贫困集会并发表讲话，他认为“战胜贫困与反对种族隔离一样重要”。

曼德拉在海外公开演讲次数稀少，特别是在其正式宣布退休后，当时 87 岁的曼德拉在伦敦阴冷的天气中，由旁人搀扶下坚持发表演讲。“如果不能消除贫困，人们就不能真正拥有自由。”他坚定而清晰地表示，数千听众难掩激动，广场响起潮水般的呼声和掌声。

他说，当今世界“科学技术的日新月异大大改善了人们生存的外部环境，提高人类生活质量。通讯信息技术的发展使世界变得更小，个人的声音可以传递到任何角落。多边国际组织的成立帮助人类建立和维持国家之间，人与人之间的和谐平等。全球经济正朝着相互依存的方向发展，贸易壁垒逐渐打破，市场进入更容易。然而，就在这么一个世界里，人与人、国与国之间的贫富差距、力量对比依然存在，事实上，彼此之间的差距甚至有进一步拉大的趋势。”另一方面，这种不平等还会导致种族主义的抬头。这种歧视不仅表现在人与人之间，也表现在一些发达国家对于贫穷国家的态度上。

曼德拉表示，对于那些在过去几十年里刚刚走出种族主义阴影的国家来说，全球化的利大于弊，贫穷国家经济并没有受太多全球化发展的正面影响。正如他 2002 年在牛津大学发表的关于全球化思考的演讲中提到的，全球化潮流是不可避免的，在给世界带来巨大变化的同时，全球化也有其弊端，那就是在全球化的过程中，富裕国家和强权国家可获得的利益远远多于发展中国家，这样就形成了不平等。

在曼德拉看来，在全球化的背景下，要获得真正的平等就必须消除贫困，然而他同样承认：“从一定意义上来说，非洲人民依然生活在过去，在这个贫富差距悬殊的世界，非洲人依然生活在痛苦和贫困中。”

因此，在 2005 年 7 月 2 日的八人现场演奏会上，曼德拉继续谈向贫穷作斗争：“大量贫穷和丑恶的不平等都是我们这个时代——世界夸耀着科学、技术、工业和财富累积取得惊人进展的时代——的大苦难。”

如同奴隶制和种族隔离一样，贫穷并不是自然现象，贫穷是人为的，所以也能通过人类的努力和实际行动来克服。克服贫困并不仅仅依靠慈善事业，同样也依靠公正。克服贫困就是保护人权，帮助人们恢复尊严，改善生活。

曼德拉的大爱之心和情怀，从反种族歧视到向贫穷宣战，一直没有停止过。

35 想要找出麻烦制造者从来都不是难事

想要找出麻烦的制造者从来都不是难事。但是很快我们就会发现，双方都不是完全正确，也不会完全错误。

曼德拉的性格外圆内方，除了核心原则不妥协，策略可以灵活多变。与甘地不同，曼德拉是主张武装斗争的，但当看到和平的曙光来临，他立即选择了种族和解，制止了全国性的部族内战。他不相信非黑即白，而是问：为什么不能两全（why not both）？”

曼德拉也许能投身于狂喜的集会人群中，与之握手，以紧握拳头的姿态向南非非洲人国民大会致敬，跳上一段土舞，但当他开始讲话时，欢呼声往往会转变为一种和善但充满疑惑的寂静。没有马丁·路德·金那样高昂的比喻，也没有杰西·杰克逊那样朗朗上口的格言，曼德拉让其听众置身于一个有机化学教授庄严的说教风格之中。“我尝试不去成为一个蛊惑人心的政客，”他说，“人们希望有人能够清楚、讲道理地跟他们解释好事情。他们能意识到何时有人正跟他们认真地说话。他们希望看到你如何处理困境，你是否能保持冷静。”

曼德拉很少用现代政治家的艺术告诉他的听众，对于他们希望听的内容他有什么想法。对于黑人听众，他宣称民主与多数决定原则将不会一夜之间改变他们所处的物质环境。与此同时，他告诉白人听众，他们对过去的历史负有责任，他们将不得不甘心接受未来的多数决定原则。

如果非要说一下对曼德拉多年来的批评，那便是他总是只看到人们好的一面。如果这是他的缺点，也是他能够接受的，因为这源自于其强大的力量，他对敌人发自内心的宽容。95 年的人生，曼德拉信奉这个世界从来就不是非黑即白那么简单，无论遭遇什么事情，都记得微笑。也许会有一千件事令曼德拉感到痛苦，但他知道除此以外还有更多其他的东西。

36/ 尊贵的和被人看不起的人平等生活在一起

那些尊贵的人会垮掉，而那些被人看不起得人则反过来会变成尊贵的人，不对——是所有人类——包括这个星球上所有尊贵的和被人看不起的人都能够平等地生活在一起。

在曼德拉故居的图片中，有三张非常特殊的照片，是曼德拉和白人总统德克勒克的合影。第一张两人互不理睬，各自看向不同的方向；第二张是两人的头凑在一起，进行交流；第三张则是他们一起朝着镜头微笑的照片。德克勒克作为南非最后一任白人总统，以过人的政治胆识推行政治改革，宣布取消党禁，释放了入狱达 27 年之久的曼德拉，逐步废除名目繁多的种族隔离制度等。黑人领袖曼德拉和白人总统德克勒克终于达成和解，共同缔造了民主新南非，因此他们一同获得诺贝尔和平奖。

此外，1991 年联合国教科文组织还授予曼德拉“乌弗埃 – 博瓦尼争取和平奖”。1998 年 9 月，曼德拉访美，获美国“国会金奖”，成为第一个获得美国这一最高奖项的非洲人。2000 年 8 月，曼德拉被南部非洲发展共同体授予“卡马”勋章，以表彰他在领导南非人民争取自由的长期斗争中，在实现新旧南非的和平过渡阶段，以及担任南共体主席期间做出的杰出贡献。而在 2009 年 11 月 11 日，联合国在第 64 届联大通过决议，自 2010 年起，将每年 7 月 18 日南非前总统纳尔逊·曼德拉的生日定为“曼德拉国际日”，以表彰他为和平与自由做出的贡献。

曼德拉的高贵，体现在面对众生的平等。漫长一生中，他面对白人固然不卑不亢，面对黑人也不曾凭借自己酋长长子的贵族血统、执业律师的精英地位而妄自尊大。曾和他一同关在罗本岛监狱的难友埃迪·丹尼尔斯回忆说，自己在狱中生病时，曼德拉不仅常去看望他，还帮他倒大小便、清洗便桶。“曼德拉先生是一位善良的人，他能同国王一起散步，也能同乞丐一起散步。”

37 总会有好人出现

也许有一天我们的付出将得到回报，要知道总会有好人出现的，其他国家有，我们的国家也会有。

曼德拉第二次上罗本岛后，岛上对其富有同情心的狱警被调离，看守曼德拉等政治犯的是经过洗脑、极度仇视黑人的狱警。

监狱的生活单调而艰苦。犯人被分成A、B、C、D四类，不同类别的犯人在探视、通信、购买日用品等方面权利不同，犯人根据表现逐级递升。曼德拉等人入狱后，身处最低级别D。白人当局对曼德拉等人不但要“饿其筋骨，空乏其身”，更要想方设法摧毁其意志。

从上岛第一天起，曼德拉就成为监狱当局重点盯防的对象，也是从这天开始，曼德拉与监狱方斗智斗勇，采取各种手段争取自己和狱友的权利。

而与此同时，对这些狱警，曼德拉也会替对方考虑。因此，绝大多数狱警很快就为他折服而善待他。多年的牢狱生涯中，只有一个狱警曾试图殴打他，而曼德拉立刻变成一头愤怒的雄狮，怒斥对方：“你动手试一试？我将一直告到最高法院，会让你倾家荡产！”狱警被吓住了，灰溜溜地走了。

1970 年，新监狱长甫一上任，就将降伏曼德拉这个首领作为首要目标，不仅收回多项囚犯的权利，曼德拉还常被他当众用最肮脏的话辱骂。

曼德拉决定采取行动赶走监狱长。通过秘密渠道，政治犯们和国外的非国大领导人取得了联系，将他们在罗本岛受到虐待的情况曝光于国际媒体。同时，曼德拉也让人联系到白人议会中同情非国大的自由进步党议员海伦·苏兹曼女士，让她向政府施压。

三位大法官在各方压力下，来到罗本岛了解犯人处境。

在和法官交谈时，监狱长站在一旁，但曼德拉当他不存在，告诉法官某监区某位犯人在什么时候被警察毒打，监狱长立刻插话：“曼德拉，那位犯人被毒打你亲眼看到吗？”曼德拉说：“我没有亲眼看到，但是我所了解的这件事是真实的。”监狱长大怒，凶神恶煞地向他咆哮：“曼德拉，你要当心！你在说你没有亲眼看到的事情，这是自找麻烦，我的意思你应当明白。”曼德拉立刻对几位法官说，“各位先生看到了，监狱长当着你们的面都敢这样威胁我，那么可以想象，你们不在场的时候他能干些什么？”一位法官听后颔首说：“这位囚犯说得很有道理呀。”

法官离开罗本岛不久，监狱长即被调离。

但令曼德拉没有想到的是，监狱长临走前专门找到他，向他表达善意。这让曼德拉认识到，表面上再残暴的人，人性中也隐藏着某些良善。这样的人并非天生作恶，而是残暴的体制令作恶得到激励与奖赏。

人性本善，是坏的制度让好人变坏，但是世界的某个角落，总是还有好人存在。

38 在把别人想象成正直善良的基础上做事

把别人想象成正直善良的，值得人们尊敬的人，然后在这个想象的基础上做事情，是一个很不错的行为。

曼德拉曾经说过这样的话：

“必须承认，人们都是你现在所生活的这个社会中的泥巴捏成的，大家都是人。他们有优点也有缺点……因此，一旦你知道一个人有这样的优点或者是那样的缺点时，跟他们工作的时候，就要包容缺点，而且也要尝试帮助他们改掉缺点。如果发现一个人犯了某些错误，而且有很多人性上的弱点，我不想被他吓倒，也不允许这样的错误和弱点能够影响到我。面对一个人的时候，必须要先相信他正直诚实，除非你发现什么能证明他不是这样的……把别人想象成正直善良的，值得人们尊敬的人，然后在这个想象的基础上做事情，是一个很不错的行为。因为如果你把一起共事的人想象成这样，你自己也很容易成为正直善良的人，成为受人们尊敬的人。”

在曼德拉周围的 15 个白人看守中，格列高里是唯一能和他谈心的。他俩经常在狱中花园内安静的一角，坐在一棵橡胶树下交谈。他们从不为政治问题争执，彼此尊重各自的意见。他们两人的儿子均死于车祸，相同的不幸遭遇使他们的心理距离更近了。曼德拉向格列高里倾诉内心的感受，甚至以家事相托。一段时间里，格列高里甚至成了曼德拉在家的代表。当曼德拉因小儿子不肯上学而焦急不安时，是格列高里出面，硬是把孩子送到学校，以后，又送他上了大学。而曼德拉这位黑人领袖也成了格列高里儿子的教父。在他俩之间，肤色的障碍已不存在了，正如他俩所说："我们比亲兄弟还亲"。

然而，这种不寻常的友谊在白人看守中引起种种议论。一些人说："格列高里和他的犯人居然成了好朋友。"格列高里开始承受种族主义者的侮辱。他们中有的称他为"黑人们的情人"，有的则往格列高里家里打匿名电话，甚至有人扬言要在街上打死他。种种威胁使监狱当局十分紧张，他们甚至不得不为格列高里配备保镖。

格列高里一直保存着曼德拉临出狱前与他的合影以及一张曼德拉亲笔写给他的卡片：

军士长格列高里：

20 年来我们共同度过的美好时光，今天结束了。但是我会永远记住你，谨向你和你全家致以我最诚挚的问候，并请接受我最深厚的友情。

纳尔逊·曼德拉

曼德拉走后，格列高里也提前退休，回到开普敦郊外的家里。每当回忆起往事，笑容便会在格列高里的脸上洋溢，他会欣慰地说："我真为曼德拉感到骄傲！他差不多已圆了他的梦了。"

第三辑

信念：希望是自由战士的游泳圈

39 坚定的革命者不会被厄运打垮

我坚信，一个坚定的革命者永远不会被个人所遭受的厄运打垮，也不会被痛苦击倒。

年近八旬之时，曼德拉对登上罗本岛当天的情景仍历历在目。他在自传中这样描写道：

“我们下飞机踏上罗本岛的那天，天气阴暗，凛冽的冬风透过单薄的囚衣，打在我们身上。迎接我们这群被判处终生监禁的几名非国大成员的，是一帮荷枪实弹的狱警。我们旋即被押上囚车，送到一幢独立的石造旧建筑物前。狱警命令我们脱光衣服，然后他给我们每人一套卡其布的新囚衣。……然而，种族隔离的条例甚至体现在囚服上。除了印度人凯西拿到长裤之外，我们每人都是给的短裤。在非洲传统中，短裤意味着我们是‘小孩子’，这显然是一种污辱。”

“那天，我穿上短裤，但我发誓：我穿着它的日子不会很长。”

四天后，曼德拉等人又被押送到罗本岛的“狱中之狱”——一座特别为关押政治犯而营造的新监狱。当局这么做是为防止“危险”的政治犯将其政治观点传染给普通犯人。这座长方形的石头堡垒，中间是一个平坦的水泥院落，三面是牢房，另一面是 6 米多高的墙，墙中间是一条狭窄的过道,有牵着德国狼狗的哨兵昼夜巡逻把守,可谓“插翅难逃”。

曼德拉拿着刚发的三条薄得几乎透明的毯子，跟在白人看守后面，穿过长长的走廊，来到尽头的单间牢房。牢房门口挂着一块牌子，上面写着：N·曼德拉，466 / 64，表示他是这个岛上 1964 年以来接受的第 466 名囚犯。牢房里霉湿气味扑鼻,且十分狭小,只有三步长、两米宽，躺下时双脚会碰到墙壁，头则紧挨着另一面墙，是名副其实的“牢笼”。

如此封闭、孤独、严厉而刻板的罗本岛，不只是一座监狱，更像是一座可怕的地狱。南非当局要在这里扑灭任何尊严和人性的火花，把像曼德拉这样刚强的政治犯熬炼成灰烬。

然而，曼德拉告诉自己：“我的命运起起落落，虽然痛苦，但仍然可以看到希望，仍然值得期待。有的时候，我甚至以为这种期待已经成为我身体的一部分，已经融入我的生命。我能感觉到我的心脏时时刻刻在向我的身体输送着希望，温暖着我的血液，让我感到精神振奋。我坚信，一个坚定的革命者永远不会被个人所遭受的厄运打垮，也不会被痛苦击倒。”

这种信念支撑着他直到出狱，直至生命的结束。

40 希望保护我们永不溺水

希望是自由战士的游泳圈，能够保护他们永不溺水，远离危险。

罗本岛监狱有一套不成文的狱规，每位犯人必须严格遵守，否则将受到重惩。狱规要求犯人上衣的三粒钮扣必须扣上，在狱警经过时必须脱帽致意。如果钮扣没扣好，帽子没来得及脱，或没有把牢房打扫干净，受到的惩罚是关禁闭和不准吃饭。曼德拉上岛后不久，就尝到了这个苦头。

一天，曼德拉在长凳上发现一张报纸。没有多思忖，他迅速捡起报纸，趁无人之际塞进衬衫里。作为政治犯，曼德拉不准获得外界的任何消息。这张意外得来的报纸对与世隔绝数月的曼德拉来说，无异于一顿“美餐”。他回到牢房，如饥似渴地阅读起来，根本没听到那渐渐逼近的脚步声。等他意识到一位看守出现在自己面前时，已来不及藏报纸了。结果，他因私自拥有违禁品，被罚禁闭三天、禁食三天。以后，类似的惩罚成了他的家常便饭。

岛上犯人的生活十分规律，近乎机械化。由于不允许携带任何计时器，囚犯们根本无法知道准确时间，吃饭、劳动和睡觉都由看守们通知。久而久之，他们连记忆月份和日子也困难了。这正是当局欲在精神上麻痹犯人的一种手段。不过，这一招在曼德拉身上没有灵验。他来罗本岛后所做的第一件事就是在自己牢房的墙壁上自制一个日历，使自己生活得像个正常人。

“希望是自由战士的游泳圈，能够保护他们永不溺水，远离危险。亲爱的，请永远记住，假如你心中的希望和坚定的勇气就是财富的话，你现在就是百万富翁。”环境再怎么恶劣，因为心中有了希望，曼德拉没有溺水，他远离了危险并最终坚持着游到了自由的彼岸。

41/ 家乡永远都是家乡

对于那些为人民的更广大利益服务的人，那些长大后离开家乡、到离家很远的地方建立自己的家庭的人，家乡永远都是家乡。

在南非，再没有什么地方比特兰斯凯离城市生活更遥远了。

特兰斯凯在约翰内斯堡以南 960 多公里，是南非最美丽但同时也是最贫穷的地区。这里山峦绵亘，草木葱茏，圆形茅舍星罗棋布，牧童和牧民赶着牛羊穿行其间，俨然一派祥和的田园风光，宛如《圣经》中所描绘的永恒乐土。但是，美丽只是表象：这片土地上的人口已严重过剩，本来就很贫瘠的土壤遭到了严重侵蚀，只能勉强养活些瘦骨嶙峋的牛羊和零零星星的玉米类庄稼。

这里就是曼德拉出生和成长的地方，后来他在这里修建了自己的住所，每逢圣诞节和假期，便回到此处居住，而且希望退休之后也能在这里颐养天年。

那是一幢带有西班牙风格拱门的红砖房，依德班与开普敦之间的主干道而建，位于特兰斯凯最大的城市乌姆塔塔以南。这所房屋矗立在丝柏大道尽头，四周砌了围墙，它灌木丛生的院落将它与广阔的乡村隔开。这所房子的蓝图是曼德拉在狱中的最后一年里构思出来的，监狱看守的住所与曼德拉自己在狱中的住处一结合，便形成了房子的平面图蓝本。曼德拉挑选的这个位置能看到他的家乡，因为他相信，人在哪里出生，就要回哪里长眠。

曼德拉确切的出生地点其实还要往南几公里，那是蜿蜒的巴色河畔的一个小村庄，村庄的名字叫作姆维佐，曼德拉的父亲是那里的酋长。1918 年 7 月 18 日，曼德拉出生。据他后来回忆，那时第一次世界大战已接近尾声，俄国的布尔什维克革命正进行得如火如荼，新成立的南非非洲人全国大会派了一名代表远赴伦敦去为南非黑人争取权利。大不列颠开普殖民地于 1910 年被划入南非联邦，这片土地上还有一部分特兰斯凯土著居民。3 年之后，《原住民土地法》将数千黑人农民驱逐出境，许多人只好长途跋涉来到特兰斯凯，因为这里地域辽阔，而且只有在这里，非洲人才能拥有自己的土地。所以，从特兰斯凯走出来的黑人领袖比南非其余任何地方都要多，而这些领袖就是在这样的环境下成长起来的。

对此，曼德拉很有感慨地说："对于那些为人民的更广大利益服务的人，那些长大后离开家乡、到离家很远的地方建立自己的家庭的人，家乡永远都是家乡。车子驶上约克路后，我感到浑身上下每个细胞都是开心的，而主街好像永远也无法到达似的。"

42 命运之神不会为我们提供退路

梦想越来越难实现，进度计划越来越难以完成，而在不幸降临的时候，命运之神从来不会为我们提供退路。

《读者文摘》杂志记者曾经访问了这个被称为“马迪巴”的英雄，与他在位于开普敦的曼德拉·罗德斯基金会的办公室里面对面进行了访谈。

“当您长年身陷罗宾岛以及其他地方的监狱时，在您心中是有什么东西一直支撑着您活下来并保持高昂的斗志吗？比如一本书或一首歌的章节或片段什么的？”

曼德拉是这样回答的：在我心中铭刻着一位英国诗人威廉·欧内斯特·亨利（W.E. Henley）写的一首诗，《我不会倒下（Invictus）》。诗的最后几行是这样的：

无论我将穿过的那扇门有多么狭窄，
无论会有多么沉重的责罚将我覆盖，

我都将是我命运的主宰，

我都将是我灵魂的统帅！

“梦想越来越难实现，进度计划越来越难以完成，而在不幸降临的时候，命运之神从来不会为我们提供退路。”曼德拉在回顾一生时，曾经这么感慨。

西天的落日懂得坚持与等待，终于迎来了黎明时喷薄而出的壮美。

冬天的原野懂得坚持与等待，终于迎来了早春时沁人心脾的芳香。

在7平方米的锌皮房中27年的煎熬仍没有使曼德拉放弃希望，最后成为南非总统。如果没有一种坚持不懈、不轻言放弃的精神，命运之神又怎会对他格外垂青？

43 体会小事情带来的乐趣

对于这些能够自己支配的简单事情，处于自由中的人们往往不会珍惜，只有戴上镣铐后，一个人才能真正体会到这些小事情给自己带来的乐趣。

热带骄阳刺眼，石灰岩的反射和砂尘更伤眼。曼德拉又向看守提出，监狱里荒地多，可以让犯人开垦种蔬菜，不增加开支，改善监狱伙食，摄入维生素能减轻炙热阳光下采石灰岩对眼睛的伤害。一说再说，说得合情合理，狱方终于同意了。于是，单调的强体力采石之外，有了另一种调剂，“从事有益于健康的劳动”，垦荒种菜。

大西洋潮涨潮落，铁窗里度日如年。曼德拉“在那段漫长而孤独的岁月中，对自由的渴望从未停止过”。他用智慧和机敏，又争取到牢房里看书的权利，劳动时允许说话和交谈的权利；这个权利，逐渐地又成为犯人们学习知识、交流思想的无形的课堂，以至于后来人们称采石场为“罗本岛民主大学”。

死气沉沉的罗本岛监狱，体育带来了些许生气，曼德拉很欣慰。他曾回忆说：

“入狱后，一个人就会开始珍惜很多小的事情——比如能够自由自在地散步、过马路、进商店买报纸、讲话，甚至能够自由地保持沉默——对于这些能够自己支配的简单事情，处于自由中的人们往往不会珍惜，只有戴上镣铐后，一个人才能真正体会到这些小事情给自己带来的乐趣。”

说起来，颇有点匪夷所思：狱方要剥夺政治犯的一切自由，而在罗本岛监狱，居然还看到一个足球场。场地坎坷不平，荒草丛生，球门早已不见，看台倾颓倒塌，可是，一片荒凉的昔日球场，见证了罗本岛的“足球历史”。

每周六，允许踢球 30 分钟，争得了恶劣的监狱环境下有一点体育活动的人权。

随后，罗本岛球队规模越来越大，甚至有了自己的足协——“马卡纳足协”。1969 年，第一届罗本岛“联赛”开打，每周 6 场比赛。足球狂热席卷监狱，生活枯燥的一些白人狱警也成了拥趸。罗本岛足球的兴盛，又催生了其他球类项目，最后，监狱里居然奇迹般地还有了“夏季奥运会”。

2007 年，国际足联正式把南非的“马卡纳足协”接纳为正式会员，这是后话。

44 希望以你想象不到的方式考验你

希望似乎是无限的，此时的我就像是经过长长的跋涉到达了终点。但事实上，这只是在更长更长的旅途中迈出的第一步，它将以我当时没有想象到的方式继续考验我。

在罗本岛，曼德拉独自被关在一个不到5平方米的监室里，这样一个弹丸之地对身材魁梧的曼德拉来说，简直就是活受罪。

平日里，只要曼德拉一躺下几乎能覆盖整个地板，这与其说是服刑，不如说是一种折磨和煎熬。曼德拉服刑的前十年，是他最为难熬的时期。对正值壮年的曼德拉来说，可谓度日如年。但是曼德拉将服刑当作了一种修行。这漫长的服刑期间，他始终充满了乐观。

除了恶劣的生活条件和繁重的苦役之外，曼德拉还遭遇了人生最悲伤的两件事：1968年他的母亲去世，一年之后他的长子在车祸中丧生，这对他的精神是一种莫大的打击。当时，曼德拉曾要求在警察的看押下回去料理后事，但被白人当局粗暴地拒绝。

但所有的这一切磨难，曼德拉都挺过来了。无论环境如何恶劣，他一直坚持锻炼身体，哪怕牢房再狭小也如此，甚至在自己的囚室中原地跑步。他坚信自己一定会活着走出监牢，但究竟是哪一天，谁也说不清，也许那天自己已是垂暮之年，但必须要有一个好身体扛下去。

美国总统奥巴马一家人曾经前往曼德拉蹲苦牢的罗本岛，他说他们一家人“此行深受感动”，并且说“曼德拉树立的道德勇气、仁慈与谦逊榜样，我们将永远从中获得力量与鼓舞。”

45 证明你有能力去维护自己的权利

如果确定自己是对的，就要向当局证明你有能力去维护自己的权利，去反击。

入狱伊始，曼德拉就开始同监狱当局展开不懈而艰苦的抗争。这是他在极其沉闷的铁窗生涯中保持清醒头脑，并逐步树立其在难友中的领导地位的一种方法。很快，他成为政治犯们的代言人。每当外界来访或视察时，他都代表狱友们说话，力争改善狱中恶劣的生活环境。

1969 年 4 月 22 日，曼德拉代表被关押在隔离监禁所的所有政治犯致函司法部长。在这份请愿书中，曼德拉指出一些阿非里卡人在“一战”和“二战”时均因叛国罪而判刑，但他们都未服满刑期即被释放，曼德拉与他的 21 名单人牢房的战友要求享受同样待遇；在被释放之前，他们要求真正享受政治犯的待遇，即有比较合适的伙食、衣服、床上用品；应有阅读一切未遭禁止的书籍报刊、听广播和看电影的权利；应有选择专业学习的机会。他们指出，政府将政治犯不是作为有价值的人看待，而是千方百计去惩罚他们；政府未能将监狱作为恢复政治犯名誉的场所，而是将其作为处罚的工具。其他一些犯人可享有的权利，政治犯则被剥夺。当时，这封请愿书在南非议会引起了震动。

从到罗本岛的第一天起，曼德拉就抗议穿短裤，并要求见狱方负责人，提出申诉。起先，狱方对他的抗议根本不予理睬。但到了第二周，曼德拉惊喜地发现自己的牢房里多了三条长裤。但很快，他注意到其他狱友并没有获得与他一样的待遇。

仔细斟酌后，曼德拉恍然大悟：狱方是想用几条长裤来堵他的嘴，以便尽快平息不满。他责令看守把三条长裤收回，除非每一位非洲囚犯都穿上长裤。看守不敢擅自取回长裤，最后监狱长气恼地把三条长裤拿走了，但留下一句话："即然如此，曼德拉，你就和你的同志们穿一样的短裤吧！"

曼德拉没有屈服，更不会放过任何一个机会。

他认为："人的身体有很强大的适应能力，尤其是在你能够调整自己的思维，调整你整体的精神状况去适应身体状况的情况下。如果确定自己是对的，就要向当局证明你有能力去维护自己的权利，去反击，这个时候就不会感觉到饥饿了。"

1965 年夏天，国际红十字会来罗本岛了解政治犯的生活情况。曼德拉抓住当局的要害，以犯人代表的身份向国际红十字会详实地介绍了他们所遭受的各种不公正待遇，提出申诉，要求狱方改善囚犯的生活条件，并真正听取犯人们的申诉。这一招果真灵验，国际红十字会成员离开后，犯人的狱服有了改善，到 1966 年，每位非洲政治犯都穿上了长裤。

46 外面的世界无法企及却是那样精彩

同样的环境、同样的面孔、同样的对话、同样的味道，永远高耸的墙壁，永远都觉得监狱外面的世界无法企及，却是那样的精彩。

曼德拉年轻时练拳击，曾憧憬过当拳王。投身民族解放斗争后，每天清晨 4 点半起床，跑步锻炼 1 小时。被捕入监后，仍是 4 点半起床，坚持在牢房中原地跑 1 小时。尽管罗本岛监狱的球赛，球场人声鼎沸，他只能在牢房斗室，仰望小窗，专注倾听。

21 世纪，南非争办第 19 届世界杯足球赛，曼德拉有一段致辞，深深打动了国际足联的评委：“体育有一种能够鼓舞和激励人的作用。在非洲，足球非常受欢迎，在非洲人民心中占有着特殊的地位。这就是为什么世界杯要第一次在非洲大陆举办的重要原因。”曼德拉又说，“有一届世界杯，我还在罗本岛监狱，靠一个后来允许我听的小收音机，听电台的现场直播。”

发如霜雪的老人动情了，严肃冷峻的评委们感动了。

当时的南非，对有色人种歧视、压制、迫害，严刑峻法，堪称非人待遇；法律明文，剥夺了他们苛刻“规定”之外的工作、居住、交通、就学、娱乐以至休息的基本权利。

“同样的环境、同样的面孔、同样的对话、同样的味道，永远高耸的墙壁，永远都觉得监狱外面的世界无法企及，却是那样的精彩。”这，就是当时曼德拉的心声。

47 今天的终点和昨天的起点一模一样

人不断地在转着圈，今天的终点和昨天的起点一模一样。

关于监狱的那段岁月，曼德拉回忆说：

“提起普通囚犯所遭受的痛苦，大多数人会想到那长长的似乎永远也服不完的刑期、那些必须做的苦力活儿、粗糙无味的饭菜、必须面临的冷酷乏味的无聊生活和生活中那些可怕的挫折——人不断地在转着圈，今天的终点和昨天的起点一模一样。经历早已经融入了我们的生命和我们的灵魂，我们中的一些人甚至经历了比上述这些更折磨人的痛苦。”

罗本岛上，曾有一处乱葬岗，荒冢散乱，墓碑颓圮，十字架歪斜。历年来，暴死、累死、老死、病死的囚犯，都在这里草草埋葬。大西洋的汹涌波涛，是死者的愤怒呼号；遥遥相对的开普敦的桌山，是上帝为这些冤魂祈祷的祭台。

这是旧南非当局为曼德拉安排的终极去处。之所以没判他死刑，是因为当局考虑，危机四伏，黑人的反抗永无止息，万一需要这个非国大的精神领袖出来调解怎么办？

而曼德拉，在逆境中抗争，在抗争中思考。他的民主、自由、平等的理念，从追求本民族的解放，逐渐升华到追求全人类共享普世价值的高度。这个思想，后来在他的多部著作中都作了阐述。

48 在最黑暗的岁月里也不要放弃

你必须更加努力地学习，无论什么时候都不要被困难和挫折吓倒，就是在最黑暗的岁月里也不要放弃战斗。

在罗本岛，生活中最可怕的一面就是这种生活既没有开头，也没有结尾。要在这样极端孤独无聊的环境中好好地活下去，就必须有坚定的信念和乐观的精神。曼德拉懂得通过学习充实自己的精神世界，不让重复不变的监狱生活令自己精神麻木、失去斗争意志。

曼德拉曾向狱方提出学习的要求，并获允通过函授攻读伦敦大学法学硕士学位的课程。同时，他为其他狱友也争取到了学习的权利。

不仅如此，曼德拉又带头提出配备桌椅等学习用具的要求。这次，狱方在压力下，不敢再怠慢曼德拉的合理要求，他们给每间牢房添制了一张带有三条腿板凳的简易书桌。

正是在这样的书桌上，借着走廊上长明灯的昏暗光线，曼德拉利用深夜的时间自学了阿非利卡语（即南非荷兰语）和经济学，并偷偷完成了几十万字的回忆录。

在西苏鲁等人的建议下，曼德拉从1974年起开始写回忆录。“不要把这看作是个人的事”，被人们称为“非国大的历史学家”的西苏鲁表示，“这是我们斗争的历史。”曼德拉的写作进度很快，在短短4个月时间里，即完成了初稿，从自己的出世一直写到入狱前的审判，以罗本岛的一些记录结束。完成的手稿被曼德拉等压缩成几乎放在显微镜下才能看到的纸片上，然后将这些纸片藏在自己的笔记本中，计划让提前出狱的难友带出去发表。

为安全起见，他们将长达500页的手稿分三处埋在监狱的花园里。1975年，狱方为了加强对不同集中营的政治犯的隔离，决定在花园里建立一排栏杆，以加固已有的围墙。尽管曼德拉等人及时转移了两捆手稿，第三捆还是被狱方发现了，曼德拉等人被剥夺学习权利整整四年。

49 高墙内也能看到厚厚的云层和蓝蓝的天空

就算被关押在监狱的高墙内，我也同时能看到天际那厚厚的云层和蓝蓝的天空。

澳大利亚记者戴维·麦克尼科尔曾访问过罗本岛，并采访了曼德拉。他发现监狱中看管严密，囚犯被迫从事繁重的体力劳动，如采石、制砖、采集海藻等，然而曼德拉在谈到自己漫长的囚徒生活时却坦然自若："事情有所改进，饮食和衣物也还可以。1965 年时我在采石场干活，只能看到头山的蓝天。1971 年 11 月时开始改行干采集海藻，能够看到大海，遥望船只来往。"

"就算被关押在监狱的高墙内，我也同时能看到天际那厚厚的云层和蓝蓝的天空。不管我们估计得是否正确，也不管我们要面临什么样的困难，在我的生命中终究会有那么一天，我会走出这所监狱，沐浴在阳光中，然后坚定地朝前走去……"

曼德拉就这样乐观坦然地面对这一切，他坚持每天在狭窄的牢房里锻炼身体，原地跑步 45 分钟、做做俯卧撑和仰卧起坐。当记者请他谈谈与外界长期隔绝的感受时，他说："我们没有消息来源，但我们是聪明人，我们能设法与外界保持接触，在岛上我们充满了信心，我相信我们的事业终将胜利。"

值得一提的是，这一段时期，曼德拉曾专心阅读毛泽东的著作。毛泽东关于武装斗争的思想和论述，深深启发和影响着他；他还创办了一套自学方法，想方设法开展各种各样的文体活动。

永不放弃的信念让曼德拉在监狱度过了 27 年，也是这个信念使他最终走出高墙内，看到厚厚的云层和蓝蓝的天空。

50 什么都没有的时候希望是很强大的武器

在什么都没有的时候，希望是很强大的武器。

监狱中的日子是煎熬的，但是曼德拉心中永远燃烧着希望之火。希望之火不灭，基于曼德拉坚定的信仰，也在于他的家人特别是当时他的妻子温妮对他的无畏支持。

温妮是在反对种族隔离的斗争中成长起来的。她曾多次被捕、被禁止在公众场合讲话，她的住所曾遭到枪击，她本人也曾被流放荒原。20 世纪 70、80 年代，“温妮・曼德拉”在南非是一个家喻户晓的响亮名字。她不顾个人安危，支持狱中的丈夫曼德拉与种族主义政权进行斗争，站在反种族主义斗争的最前线；同时她东躲西藏，含辛茹苦地抚养与曼德拉生育的几个孩子。温妮以战斗、忠贞、母爱的形象赢得了广大黑人的爱戴。

后来温妮变得专横跋扈以至离婚，这是后话。

因此，曼德拉曾经深情地回忆：“在最残酷的岁月里，能支撑着我走下去的是我那久经考验的家庭，我的家人竭尽全力地生活着，战胜了重重困难。在这样一个大家庭里，在每件事情上几乎都存在分歧，但是我们最后总是能够一起找出解决问题的方法，一起像往常一样向前冲。这些为我的精神插上了翅膀，让我飞得更高。……精神武器可以让囚犯成为自由人，可以把普通人变成国王，甚至把尘土变成金子。……在我展望和憧憬未来之时，我依然是自由身，我的思想跟雄鹰一样自由。”

曼德拉是战士，更是哲人、智者，他在高墙电网、斗室牢房和苦役劳作中，永远充满着希望。

51 作出决定而且是正确的决定

不论如何，我已经作出了决定，而且是正确的决定。

在罗本岛服役三年后，经过不懈的抗争，监狱的条件有了不少改善，政治犯们在劳动时可以自由谈话而不会被看守打断。在这种情况下，曼德拉、西苏鲁等非国大执行委员商讨后决定，在狱中秘密建立一个非国大机构，以配合流亡在外的非国大的反种族主义斗争。

这个组织的正式名称是“高层机构”，其成员都是关押在罗本岛的非国大成员。曼德拉担任该机构的最高负责人，他和其他三位非国大全国执行委员组成常务委员会。其他成员按照牢房所在的区域，划分成若干小组，每组指定一名成员为组长，负责联络和召集工作。

“高层机构”作出的第一个决定是：狱内的组织不去影响狱外的非国大组织的决策。曼德拉认为，他们在狱中对外界的形势知之甚少，若对自己不了解的事进行指导，既不公正又不明智，因此，“高层机构”只对狱中生活的一切，如申诉、斗争、通信、食物等，作出应该作出的决定。

由于在狱中不可能召开经常性的大会，“高层机构”的活动便先由四位常委作出决定，然后分头传达给各小组长，再由组长传达给每一位组员。为了把消息和决定从常委们所在的 B 区传递到与之隔离的普通区 G 区和 F 区，“高层机构”特设了一个秘密的通信委员会，专门负责传递信息。

“我必须忍着，因为当我独自安静地坐下来想这件事情的时候，我就会对自己说：不论如何，我已经作出了决定，而且是正确的决定，因为不仅仅是我的家人在受苦受难，全国成千上万的人都在痛苦的生活中挣扎，我认为自己的决定还是正确的。”

曼德拉和非国大成员通过各种方式互相鼓励，始终保持高昂的斗志。

52 勇气并不意味着没有恐惧而是战胜恐惧

我知道，勇气并不意味着没有恐惧，而是战胜恐惧。一个勇敢的人不是没有恐惧感的人，而是那个能征服恐惧的人。

勇敢并不是毫无恐惧，但我们可以选择反应方式。当你假装有勇气，勇气就会慢慢地在体内增长。勇气并不是恐惧不在场，而是学会征服恐惧。

入狱的第一天，曼德拉与狱友们裸身接受检查，被狱警羞辱，曼德拉说："你敢动我一下，我就到高等法院控告你，我会让你完蛋，你会像教堂里的耗子一样毛干爪净。"狱警被吓退了。

1994 年，在总统竞选过程中，曼德拉乘坐一架小飞机前往南非纳塔尔省向支持者发表讲话。但是，就在飞机即将着陆 20 分钟前，飞机的一个引擎突然熄火。机上的一些人顿时慌作一团。而曼德拉依然安静地坐在那里看报纸。最后，在飞行员的努力下，飞机终于安全着陆。曼德拉走下飞机，坐进防弹轿车后对人说："我当时吓坏了！"

曼德拉深知，自己是其他人的榜样，这驱使他战胜内心的恐惧。他说："我当然会害怕，正常人都会害怕，我不可能装作很勇敢、能打败全世界的样子。但作为一个领导人，我不能让人们看出这一点，你必须装装门面。"

学会在恐惧面前镇定，以激励其他人。曼德拉在监狱的那些年，有足够的理由表现出恐惧，但那些同时被关的犯人们总是能够看到曼德拉悠闲地在院子里散步，坚定又骄傲，正是这些让他们共同度过了那些日子。

53 谁配得上至高无上的荣誉

只有那些在最黑暗残酷的日子里也能坚持真理的人们，那些努力了上千次万次的人们，那些从来不会被侮辱、羞辱甚至失败所打倒的人们才能配得上至高无上的荣誉。

在世界范围，曼德拉是一面道德和正义的旗帜。曼德拉是伟大的民族主义领袖，但不是狭隘的民族主义者。多年来，曼德拉一直为消除贫困和战争而奔走呼吁，他的贡献得到国际社会的公认。曼德拉 1993 年获得诺贝尔和平奖，1995 年获得非洲和平奖。关押曼德拉和非洲解放运动政治犯的罗本岛监狱，1999 年被联合国命名为世界遗产，作为种族隔离罪恶和非洲人反抗的历史记录。2005 年“世界儿童权利奖”获奖者名单中，曼德拉及其夫人格拉萨获得由世界各地数百万儿童选举产生的“全球之友奖”。2005 年 2 月西方七国峰会在英国召开之前，曼德拉应邀参加在伦敦特拉法尔加广场举行的“把贫困变成历史”的大型集会。在成千上万名支持者的欢呼声中，曼德拉发表讲话，呼吁发达国家为消除世界的贫困贡献力量。2007 年 3 月 2 日，曼德拉的画像被悬挂在联合国大厦的安全理事会附近，这是对世界和平与正义的鞭策和鼓舞。

为了传播曼德拉的理想和价值观，曼德拉基金会把推动对曼德拉的研究和交流作为工作重心。“纳尔逊·曼德拉演讲”于 2003 年由美国前总统克林顿发起，在每年 7 月 18 日前后举行，由一位世界知名人士发表主题演讲。2008 年的“纳尔逊·曼德拉演讲”，主讲人是利比里亚总统埃伦·约翰逊·瑟利夫。他在题为“把握新非洲”的演讲中指出，非洲复兴的迹象正在显现，非洲并不贫困，而是缺乏良好的管理。他赞扬曼德拉在南非实现了正义和民主，同时也对所有的非洲人起到鼓舞作用。曼德拉则在演讲的开幕辞中说，“在 21 世纪初，我们的世界仍然有过多的不和谐、仇恨、分裂、冲突和暴力。在我们的个人和社会生活中关心他人，建设一个我们热切盼望的更美好的世界，仍然有很长的路要走。”

“一个新的世界是要靠那些一直活跃于斗争的舞台上的人们，那些注定要经历风风雨雨的人们，那些在斗争中身体会受到严重伤害的人们才能创造出来的，而不可能依靠那些远远站在一边观望的人们来创造。只有那些在最黑暗残酷的日子里也能坚持真理的人们，那些努力了上千次万次的人们，那些从来不会被侮辱、羞辱甚至失败所打倒的人们才能配得上至高无上的荣誉。”

曼德拉的一生，配得起这至高无上的荣誉。

54 事情未完成之前一切都看似不可能

在事情未完成之前，一切都看似不可能。

曼德拉离世，举世同悲。从约翰内斯堡到纽约，从北京到伦敦，国家领导人和普通民众，一同悼念这位超越种族、国籍、宗教与意识形态的政治伟人。

百年来，同时被东西方认可与尊崇的政治人物屈指可数，曼德拉傲居其中。

纷扰世界，多事之秋。以大欺小、倚强凌弱、以富压贫正让曼德拉所代表的平等与正义、平和与宽容、坚韧与智慧等品质变得稀缺可贵。

全世界的人们对曼德拉的热爱与怀念，正是对一个更加公平美好世界的向往与期待。

在南非，白人感念曼德拉。1990 年，多种族、多部族的南非结束种族隔离制度。曼德拉从敌人身上看到他们与自己的共同点——基本的人性，毅然选择以德报怨。他推动民族和解与尊重，宽容对待曾将自己投入监狱 27 年之久的白人，最终避免了内战。曼德拉明白，50 年来，他致力于消灭的是白人种族主义，而非白人本身。

在全非洲，黑人尊曼德拉为英雄与偶像。50 年艰苦卓绝的斗争，曼德拉始终不抛弃、不放弃，为将南非的“黑白世界”变为“彩虹国度”奋斗不息。即便是 90 岁高龄，在与肺部感染长期的斗争中，曼德拉也展现出惊人的毅力。在孤寂监狱中最令人绝望的时刻，曼德拉坚持通过体育锻炼磨炼意志。

在不平等的国际经济秩序中历经磨难、一度被视为“绝望大陆”的非洲从曼德拉身上看到了“在绝望之中寻找希望”的信念与坚韧——黑人同样也能做到。

“一生经过彷徨的挣扎，自信可改变未来，问谁又能做到？”

曼德拉做到了，他把看似不可能的，变成了可能。

55 最大的荣耀是跌倒后总能站起来

人生最大的荣耀不在于从不跌倒，而在于每一次跌倒后都能再次爬起来。

阿里巴巴董事局主席马云在珠海出席巨人网络南方研发总部基地奠基仪式时表示，“巨人在珠海跌倒，又重新站了起来，这不仅对巨人自己，对中国企业也是有借鉴价值的。我认为全世界商界只有两个人跌倒了能重新爬起来，一个是美国的乔布斯，一个是中国的史玉柱。”马云打趣道，“两个人都姓史。”

的确，所有的人都会跌倒，但那些值得拥有荣耀的人会再站起来。

从酋长儿子到全球总统，从囚犯到国父，从“恐怖分子”到世纪伟人，从监狱到神坛，曼德拉一次次跌倒却又一次次爬起。因为他深知，自己才是这个世界的太阳，自己才是自己的拐杖。

曼德拉年轻时曾到伦敦观摩。在威斯特敏斯特大教堂的底层，他读到一段无名主教留下的碑文。据说，这段碑文对曼德拉影响很大：

当我年轻愚昧的时候，我的想象力从来没有限制，我梦想改变世界。

当我老练以后，我发现我不能够改变世界，我将眼光缩短了些，决定只改变我的国家，但这也无法达到。

当我进入暮年以后，我的最后愿望仅仅是改变我的家庭。但是，这也不可能。

如今躺在临终的床上，我突然意识到：如果一开始我仅仅去改变自己，然后作为一个榜样，我可能改变我的家庭。在家人的帮助和鼓励下，我可能为国家做一些事情。谁知道呢？我甚至可能改变了这个世界！

曼德拉说："生命中最伟大的光辉不在于永不坠落，而是坠落后总能再度升起。"靠着上帝的恩典，95年来他衷心地履行着这条金律。或许，这就是我们改变自己的第一步？

56 承担起历史赋予我们的责任

我们应该随时作好准备，不管付出什么样的代价，都要承担起历史赋予我们的责任。

曼德拉被审判入狱时，曾经说："我们应该随时作好准备，不管付出什么样的代价，都要承担起历史赋予我们的责任。不管审判进行到哪个阶段，这都是我们政治事业的指导方针。坦白说，面对死亡的威胁，我还真不想做烈士。当然了，如果必须的话，我还是会作好牺牲的准备。但是，对生的渴望依然存在，而对死亡的熟悉感却让我对丑陋的死亡之手极其蔑视。"

是的，他深知自己要承担起历史赋予的责任。即使后来出狱当上总统，他对自己身上的责任一直没有放弃。

对曼德拉来说，前途并非全是赞歌和鲜花，也有荆棘和咒骂，但有什么比振兴自己的国家和民族更令人振奋的呢？曼德拉深知自己责任重大，他一上台，立即着手从四个方面进行循序渐进的改革。

第一，医治种族隔离制度造成的创伤，消除种族间在经济收入、住房条件等基本物质方面的悬殊状况，使南非各民族走上共同富裕的道路。

第二，调整经济发展战略，力图创造一种强大而有活力的经济。

第三，促进各党派合作，推进制宪过程，以尽早完成民主过渡。

第四，曼德拉认为转变所有南非人的思想和经济发展计划的实施同等重要。

1994 年 12 月 17 日，非洲人国民大会举行第 49 届全国代表大会。这是非国大在同年 4 月赢得南非第一次多种族全民大选而上台执政后所举行的首次全国代表大会。3000 多名代表济济一堂，共同总结反对种族隔离制的斗争经验，制定今后南非政治经济发展的大政方针。曼德拉在会上作了长篇讲话，明确提出了非洲人国民大会所面临的两大任务：第一，以法律形式将以种族平等为基础的民主制度永久性地固定下来；第二，解决 500 万人的失业、700 万人的住房和数百万人的文盲问题。

也正是在非国大全国代表大会开幕式那天，他的自传《漫漫自由路》正式出版发行。那时，曼德拉虽已年届 76 岁，但他又一次当选为非洲人国民大会主席。他率领他的团队和他的人民，开始踏上一条新的道路。

57/ 没有灵魂的人永远感受不到别人的羞辱

对于那些没有灵魂、没有民族自豪感、没有理想的人们，是永远也感受不到他人对他的羞辱的，而且在他们的生活中也不存在挫折和失败。

为避免将党派利益凌驾于国家利益之上，曼德拉曾多次表示，非国大愿意让出两个席位给泛非大，以便更好体现议会的代表性。虽然“因卡塔自由党”领袖布特莱齐多次威胁要退出联盟，但曼德拉始终坚持以临时宪法规定的制宪原则为准则。他在就职 100 天的庆祝会上一再强调，“最重要的是我们在临时宪法、建设与发展的大体目标方面形成了全国一致的意见。这种一致意见既不是一党将意见强加于其他党派之上的，也不是昙花一现的蜜月。促使我们团结在一起的是压倒一切的决心，全国共同努力使我国实现和解并改善人民生活。”

上台后不久，他在接见英国《独立报》记者时侃侃而谈，毫不隐讳自己的观点和今后的打算：“我至少应干满今后的 5 年。但 5 年之后我就 80 岁了，我认为 80 岁的人就不适合担任政治要职了。”记者的提问也直截了当：“那你在这 5 年的主要任务是什么？”曼德拉想了想，很严肃地回答：“我的主要任务是转变所有南非人的思想，使他们树立一种新的民族特性、忠诚和统一的意识，即使这意味着要宽恕过去的许多罪恶。”

“对于那些没有灵魂、没有民族自豪感、没有理想的人们，是永远也感受不到他人对他的羞辱的，而且在他们的生活中也不存在挫折和失败；他们对自己的民族文化不感兴趣，肩负不了什么神圣的使命；在他们中间不可能出现烈士或者民族英雄。”

曼德拉不愧是一个伟人，他不仅推翻了南非白人政权，而且摧毁了世界上最丑恶的制度——种族主义制度；他不仅缔造了一个新南非，而且造就了整整一代人。不论以后南非的发展如何，历史到目前已经证明：曼德拉是南非黑人民族解放运动的象征，也是朝气蓬勃的新南非的象征，他已成为非洲人民的骄傲。诺贝尔和平奖的获得者德斯蒙德·图图大教主的话最有概括力：“纳尔逊·曼德拉之所以有如此的力量，因为他是一个伟大的人。”

第四辑

独思：有问题时不要试图掩盖

58 你才是站在后面真正引导它们的人

要想让牛群向某个方向移动，应该先拿着棍子站在牛群后面，然后挑选几头比较聪明的牛，把它们驱赶到牛群前方，让它们朝着你预定的方向前进。这样，其余的牛都会跟着这几头比较活泼的牛走。但是，其实你才是站在后面真正引导它们的人。

尽管曼德拉十分热衷于成为人们关注的焦点，但是他也始终清醒地认识到，自己必须与他人分享镁光灯。他知道，领导工作范畴中的一部分——相当重要的一部分——在于象征意义，而他自己就是这样一个显著的象征。然而他并没有因此忘记，自己不可能永远冲在队伍的最前列，如果不能赋予他人足够的权力与空间，再伟大的理想也难以实现。正如在篮球赛场上，每个人都希望把球掌握在自己的手中，但必须把球传给队友，让他们投篮得分。曼德拉非常推崇团队合作精神。他了解，如果希望团队成员们全力以赴，争取最好成绩，就必须确保大家分享成功与荣誉；更为重要的是，使他们感到自己能够对领导的决定产生影响力。

理查德·斯坦格尔在《曼德拉的礼物》一书里记录了一个故事。他曾与曼德拉一起于某天清晨在特兰斯凯住宅后的山间散步，走了大约一个半小时后，轻薄的晨雾逐渐散去。那是一处布满大小石块的土地，生长着干枯低矮的小草和一些树木。曼德拉停下脚步，抬起头向四周望去。他说，这里曾经是一片玉米田。

“那片玉米田很美。我们在这里放牛，但有时也会偷摘玉米烤着吃。我们常去寻找废弃的大蚁穴，里头只剩下一些干草和白蚁，然后把玉米棒塞进这些旧蚁窝的洞穴里面，在下面点燃干草。经过一段时间的烧烤之后，白蚁会生出油脂，使烤玉米非常好吃。”伴随着自己的讲述，他仿佛又回到了孩提时代，正津津有味地吃着金黄焦香的烤玉米。

接着，他转过身来对理查德说：“你从来没放过牛，对吧，理查德？”理查德回答说没有。他点点头。当曼德拉还是一个八九岁的小男孩时，他常常整个下午都在山间放牛。他的母亲自己养着几头牛，此外，他和村子里的其他孩子还要一起照看村民共有的牛。于是，他开始向理查德讲起放牛的基本技巧。

“你知道，要想让牛群向某个方向移动，应该先拿着棍子站在牛群后面，然后挑选几头比较聪明的牛，把它们驱赶到牛群前方，让它们朝着你预定的方向前进。这样，其余的牛都会跟着这几头比较活泼的牛走。但是，其实你才是站在后面真正引导它们的人。”他停顿了一下，又说道：“这也是一种领袖应当掌握的领导艺术。”

这个故事是一则寓言，其中蕴涵的道理是：领导力最根本的内容正是引导人们向某个特定的方向前进——往往是通过转变他们的思维与行为习惯实现的。这种领导方法并不需要一马当先，冲到众人之前高喊“跟我来”，而是凭借激励与驱策他人，使他们走到自己的前面。

59 有问题不要试图掩盖

我从未忘记过，我也很相信这个道理——有问题必须面对，而不要试图掩盖。

曼德拉在自传《与自己对话》里说过一个故事。

有一个人，他的屋子常常有鬼怪出没。为了把鬼怪驱逐出去，他想尽了办法，但都无济于事。最后，他决定离开这个村庄。于是，他打包了家当装上马车，动身去其他的村落。半路上，他遇见了一位朋友。朋友问他："你现在是去哪里？"他还没来得及开口，马车上就有声音传来："我们在搬家，要离开我们的村庄。"原来是其中一个鬼怪的说话。这人以为搬家就可以把鬼怪甩掉，但事实上鬼怪一直跟着他。

曼德拉说："这故事的寓意是，出现问题的时候，要面对它，不要逃避。如果不解决问题，问题就会一直跟随着你。我从未忘记过，也很相信这个道理——有问题就必须面对，而不要试图掩盖。要获取政治上的成功，就必须让你的人民对你的见解有信心，要清楚、礼貌、平静地说出并解释你的观点，但是不要直白地说出来。"

趋利避害是人的天性，但有的人却把躲避问题看成是一种趋利避害的处事方法，遇到棘手的问题、难以解决的问题，就主动绕过去，把问题放在一边，希望问题自己消失。他们在放弃所遇到的问题的时候，没有想到问题的背后可能正孕育着更大的机会。不要试图掩盖问题，而要坦然地面对，这样才能分析问题，解决错误，否则将会为此付出更大的代价。

60 没有权利依照自己的风格标准去评判他人

我明白自己完全没有权利依照自己的风格标准去评判其他人，不管对自身所属群体的风俗有多么的引以为傲。

曼德拉是一个典型的民族主义者，他以他的民族、国家为傲。在当上南非的总统后，他的执政理念一直是简直走自己的路。他曾说："我明白自己完全没有权力依照自己的风格标准去评判其他人，不管对自身所属群体的风俗有多么的引以为傲。"

在非洲，曼德拉是整个大陆的骄傲，是非洲团结的化身。旧日的南非白人政权，自认为是欧洲文明的一部分，长期处于与非洲国家的对抗之中。新南非努力成为非洲的一员，积极参与非洲事务。

曼德拉指出，"南非不能逃避它的非洲命运。如果我们不为这个大陆作出贡献，我们同样将成为那些曾经毁灭这个大陆的力量的受害者。"南非政府在促进非洲冲突的政治解决、维护地区和平与安全方面，采取积极态度。曼德拉亲自参与调解布隆迪对立双方的冲突，并对拒绝放下武器进行和平谈判的人表示，“你们这些人让我作为非洲人感到耻辱”。

南非在外交方面的作为，在很大程度上得益于曼德拉的崇高威望和信誉。在非洲的一体化发展之中，南非也在发挥独特的作用。非洲联盟名人小组 2006 年制定了非洲货币统一计划，准备在 2010 年建立全非洲货币银行，并将发行“曼德拉金币”作为非洲联盟成员国商务交易的法定货币。

人的成长要走自己的，国家的发展也是如此，走属于南非特色的道路。

61 我们是有弱点的而且无法摆脱

我们这一代是有弱点的，我也无法摆脱这种弱点，而且不止一次地设法摆脱却没有结果。

曼德拉当上总统后，时刻在警惕权力的腐蚀。“在历史上，不断有革命分子被贪婪打倒，他们最终被转移公共财产为己所用的贪念所压倒。他们背叛了曾经让他们名扬天下的高尚目标，他们抛弃了群众，和那些可以让他们大富大贵的压迫者们混在一起，而这些压迫者正是靠着对穷人中的穷人无情盘剥才供养着这些背叛者们。”他在未完成的自传续集草稿中写道。

同时，他也清醒地意识到：“在每一个社会改革家的生活中，都会存在这样一个阶段：他在台上演讲，听众掌声如雷。而对于他，这种演讲只是释放了堆积在他脑海中的碎片式信息所带给他的压力，这些信息他自己都未必理解。他只是想给观众留下深刻的印象，而不是以平静的心态，通过简单的方式去阐释一些原则和思想，而这些原则和思想中所蕴含的真理则是需要通过个人经历和深入学习才能表达清楚的。在这一方面，我也不例外。我们这一代是有弱点的，我也无法摆脱这种弱点，而且不止一次地设法摆脱却没有结果。坦白说，回头看看我早期写过的文章和演讲稿，连我自己都震惊了——内容极其迂腐做作，还没有原创性，很明显是为了宣传和加深听众印象的目的。”

“我担心一件事情，那就是自己在不知不觉中会被外界塑造成圣人的形象。对于圣人，有一种世俗的定义，即圣人就是不断努力尝试改变自我的罪人。但是，即使按照这个定义，我也算不上是圣人，我从来都不是。”有弱点不可怕，可怕的是看不到、不承认自己的弱点。曼德拉很清楚自己的弱点。

62 从一次次的错误中来学习

我只能通过偶然的机会，尝试并从一次次的错误中来学习这些事情。

曼德拉曾经回忆起往昔岁月，当众自曝他十几岁时曾是个偷猪贼，常常与伙伴一起偷村里的小猪，并在远处的山洞中烤着吃。他绘声绘色地描述了偷猪的“诀窍”：

“十几岁时，我在出生地特兰斯凯的屈努一带放牧。那时候为了偷猪，我们一帮小伙伴自创了一个绝招——把酿制高粱啤酒剩下的沉淀物放在上风处，让浓郁的酒香顺着阵阵清风飘向猪圈。确定小猪已经闻到酒香开始嘴馋时，我们手捧少量的沉淀物来到猪圈附近，引诱小猪出来。离开村庄后，我们将小猪一直带到山谷中的溪水边，在那里再宰杀……这样，主人们不会听见它们惨叫的声音，我们又可以放心地在山洞中烧烤，美美地享受一顿大餐。”

曼德拉说，其实许多领导人小时候都曾是调皮捣蛋的淘气包，“当今世界上许多领导人小时候都曾做过坏事，但是随着渐渐长大，他们开始意识到肩上的责任，很好地管理着国家。”

“年轻人犯错误，上帝也会原谅的。”

“当我犯了错误时，我通常会说：这是年轻小伙子们才能干出的事儿。当小伙子们把事情做对的时候，我会说：这才是爷们儿做的事。”

曼德拉说，当年他身上综合了所有年轻人的缺点，“脆弱、轻率、爱犯错”；“我要靠表现得狂妄自大来掩盖缺点”；“成年后，同志们抬举我和其他一些在狱中服刑的人，自此我头上‘世界服刑最长犯人之一’的光环从未消失”。

曾经有一本叫《青年曼德拉》的书在南非热销。该书作者大卫·史密斯在大量采访曼德拉家人、朋友和同事后，试图还原一个读者不太熟悉的青年曼德拉。书中介绍说，曼德拉有过外遇，打过老婆，并有私生子。大卫称写这本书的目的就是要将被“圣人化”的曼德拉从枯燥的历史书页中解救出来，剥除围绕曼德拉的神秘光环，以全新视角描写一个真实的人。

63 批评也要让人心服口服

就是批评也要让人心服口服，要以事实为根据，抱着诚实的态度，从现实出发。但同时不要超过某个范围，就像建筑物一样，它们都是有骨架的，而我们也算是建筑师了。

根据《曼德拉自传》中的记录，这个反政府 50 年、坐牢近 30 年、长期倡导武装斗争的人，落到白人种族主义统治者手里之后，从没挨过打。这是因为他懂得，即使对狱警批评，也要让他们心服口服。

有一次几乎被打了。那是 1963 年 5 月，曼德拉刚进罗本岛监狱时。狱警要求这些新来的犯人跑步前进，曼德拉对一个狱友说：这可不行，一旦开了这个言听计从的先例，以后就任人宰割了。于是他和这个狱友走到队伍的前面，不但没有开始跑步，反而放慢了脚步。狱警勃然大怒："听着，我们可以杀了你，你的家人不会知道这里发生了些什么！"曼德拉答道："你们有你们的职责，我们也有我们的。"边说边慢悠悠地走到了牢房里。狱警只好灰溜溜地跟了进去。

另一次情况更奇特。1975 年，曼德拉关押在罗本岛的第 12 年。那天他和监狱长为其妻温妮来访的事发生争执。争执中，监狱长对温妮出言不逊，把曼德拉给惹火了。“我从座位上站起来，绕过桌子向他走去。监狱长向后退去，但我及时控制住了自己，忍住了没有用拳头而只用言辞教训了他，我是个反感说脏话的人，但是那天我违背了自己的准则。”在这段描述中，曼德拉是那个几乎动手打人的人，而监狱长则在惊恐中“向后退去”。

64／确保历史会支持你

如果你想采取行动，而且也确定此次行动是正确的，那么就要直面这种形势，要去实施。这不是违反纪律。但是需要选好机遇，确保历史会支持你。

1985 年，曼德拉接受了一次前列腺手术，随后被送回监狱。但监狱方面将曼德拉单独囚禁，那些和他并肩战斗多年的狱友提出抗议，曼德拉安慰他们说："耐心等一下，伙计们，塞翁失马，焉知非福。"

益处很快显现出来。不久，曼德拉开始主动和当时支持种族隔离政策的南非政府谈判。而在这之前，他的立场一直是坚决不谈判。

很多曼德拉的支持者表示不理解，认为他出卖了大家。曼德拉发起了一场游说运动，向监狱中的每一个战友进行解释。最终，他重新赢得了支持。对曼德拉来说，是否拒绝谈判是一种战术，而不是原则问题。他的一个狱友拉马福萨说："他的想法一直比我们超前。他知道历史站在他的那一边。"

曼德拉深知，作为领导人，不能脱离自己的支持基础。一旦到达先头阵地，就要及时让支持者跟上。

65 必须灵活应变而且具有独创性

如果不作必要的准备，革命不仅不会成功，还会增强敌人的信心。最应该做的，是在最开始就要向敌人展示你的实力。必须灵活应变，而且要具有独创性，否则，最终敌人会把你击垮。

在罗本岛监狱，一些政治犯通过函授的方式取得了大学文凭，曼德拉对此深感骄傲。后来,许多政治犯索性把罗本岛称为自己的“大学”。

事实上，罗本岛也是曼德拉的大学，但并非对他进行学术教育，而是使他学到了务实的精神，不再空谈理论，还学到了根据具体情况对各个原则进行切实分析。在狱中，他和狱友们经常积年累月地就理论问题展开辩论：比较资本主义与社会主义、部落制度与现代制度，甚至对老虎是否起源于非洲进行争论。曼德拉总是积极地参与到这些辩论之中。

但是，当曼德拉出狱后，便将所有抽象理论的争辩放在了一旁。他很快意识到，社会主义并不利于他对自由民主与种族和谐的追求，而部落制度则有可用之处。他与白人资本主义领袖和黑人部落首领都能和平相处。一旦完成了将南非建设为民主国家的理想，他便致力于实现与民主必然相关的目标：种族平等与和谐。在这一首要目标面前，其他的一切问题都是次要的。

曼德拉认为，当客观情况发生变化时，你必须随之改变策略与思想。这并非出尔反尔、举棋不定，而是对实用主义的出色适用。

66/ 社会偏爱勤奋工作、遵守纪律的人

这个社会也比较偏爱勤奋工作的、遵守纪律的成功人士，如果你能够认真培养这方面的品质，就能够在周围朋友中脱颖而出。

曼德拉是南非一名科萨族酋长的儿子，其家族属于科萨族一支名为泰姆布人的王室。曼德拉的父亲在担任酋长期间得罪了白人，被夺了酋长位，迁移到乡下，过起了并不富裕的日子。曼德拉父亲临死前，他所拥立的摄政王提出帮他照顾曼德拉。就这样，曼德拉开始过上比较殷实的生活，并接受良好的教育。如果继续下去，他很可能像他的父亲一样，担任部落酋长，即使他使用刀叉的姿势经常被伙伴嘲笑，不适应穿皮鞋的脚为了不摔跤而高高抬起再重重落下。

不过，接受正式教育后，曼德拉很快显示出他不一般的特质：勤奋、自律。1938 年曼德拉入读南非黑尔堡大学攻读文学学士学位，三年级时因组织并参与反通行证法的抗议罢课被勒令停学。之后他转往威特斯沃特兰德大学，获法学学位。

曼德拉 44 岁入狱，出来后已经 71 岁，在牢中度过了 27 年时光。监狱没有毁掉他，反而锻造了他。在狱中，他经过长期的申请，获准种植一片小花园。他全心投入，在干枯的土壤中种出蔬菜，供应厨房。他说：每个人都要有自己的花园。在监狱里，一个囚犯几乎控制不了任何事，除了控制自己。曼德拉严格自律，勤奋整洁。即使下榻在宾馆，起床后也必亲自整理床铺。他几乎每天不到 4 点半起床，散步三四个小时。

就任总统，日理万机，曼德拉早晨 4 点半起床不变，穿戴后，迭起睡衣，整理床铺。这个自律，在家和客居一样，在华盛顿、新德里、伦敦一样，乃至在白金汉宫或白宫下榻，习惯照旧。

曼德拉相信一句话：这个社会也比较偏爱勤奋工作的、遵守纪律的成功人士，如果你能够认真培养这方面的品质，就能够在周围朋友中脱颖而出。

67 不把所有信任放在一个所谓好人的身上

把你所有的信任都放在一个所谓的好人的身上，你就有可能被他误导，不管他有多好。只要在存在体制的地方，个人的好与不好通常是无济于事的。

还是孩子的时候，曼德拉受到荣欣塔巴影响很深，这位部落酋长养大了他。当荣欣塔巴在其庭院举行会议的时候，男人们就会围成一圈，当所有人都说完了，酋长才会开始讲话。曼德拉说，酋长的工作不是告诉人们要做什么而是要达成一种共识。“不要过早加入到讨论当中。”他曾经说道。

在以后的政治生涯里，曼德拉在会议上总是习惯最后一个发言，然后慢慢有系统地总结每个人的看法要点，展开他自己的想法，巧妙且毫无强迫性地将其想要的方向指出来。领导者的窍门在于让你自己也被领导，“劝服人们去做并让他们认为这是自己出的主意，这是很明智的。”

曼德拉未必知道中国的老话“知己知彼，百战不殆”，但现实中他却是这样做的。早在 20 世纪 60 年代，曼德拉开始学习南非的公用荷兰语，这是创立种族隔离制度的南非白人所使用的语言。通过使用反对者的语言，他可以了解他们的实力和弱点，并随之制定策略。他甚至温习自己的橄榄球知识，这是南非白人最喜欢的运动。

曼德拉了解到南非黑人与白人有一些共同的基本原则：南非白人和黑人一样都深信自己是非洲人。他还知道南非白人也是种族歧视的受害者，英国政府和说英语的白人殖民者都看不起他们。南非白人与黑人对文化的自卑情结都感同身受。

通过语言与运动两大法宝，曼德拉希望走进南非白人的世界，他知道终有一天他不是要和他们斗争就是要和其谈判，二者只能有其一，他与他们的命运紧系在一起。除了要深入了解，曼德拉还坚持善待敌人，从政敌到迫害者，他相信拥抱敌人实际上是控制他们的一种方式：他们在自己圈子里的影响比在他的圈子里要危险得多。这正应验了一句话：没有永远的朋友，也没有永远的敌人。

68 重要的是处理事情的方式与方法

重要的不是事情本身，而是处理事情的方式与方法。

1966 年 7 月，曼德拉等人收到信息，普通犯人区的犯人准备绝食，但纸条上没写绝食的日期和目的。为了支援普通犯人区的狱友们，他们决定在下一次开饭时就绝食。

第一天，食堂里冷冷清清，没有一个人去打饭；第二天，玉米粥里忽然多了很多蔬菜；第三、第四天，饭菜里开始出现肥肉和瘦肉了。这种饭菜的确让曼德拉等人馋涎欲滴，但他们还是顶住了这种诱惑。无奈之下，监狱长只好把曼德拉叫到他的办公室，企图说服曼德拉等人的绝食行为。监狱长问："你们为什么要绝食？"曼德拉说："作为政治犯，我们把要求改善监狱里的生活条件作为反对种族隔离斗争的延伸。"监狱长又说："但是，你甚至并不知道 F 区和 G 区正在为什么举行绝食。"曼德拉微笑着说："这没什么，F 区和 G 区的人都是我们的兄弟，我们的斗争是不可分离的。"监狱长长叹了一口气，把曼德拉送回了牢房。

第二天，曼德拉发现狱警们也开始绝食抗议了，他们要求监狱当局改善伙食，提高生活条件。

狱警和囚犯们的双重抗议让监狱当局难以应付，他们只好妥协。后来，他们先是与狱警实现了和解。接着，他们又请普通犯人区派3名代表进行谈判。普通犯人区宣布取得了胜利，取消了绝食。一天后，曼德拉等人也停止了绝食。

虽然此次绝食大获全胜，但在曼德拉的内心深处，一直不赞同这种做法。他说："我认为，绝食完全是一种被动的行为。因为，这种行为会严重地影响我们的身体健康，甚至会危及我们的生命。我一直赞成开展更积极、更有战斗性的抗议活动，比如罢工和拒绝打扫卫生。跟绝食不同的是，这些活动的受害者是监狱当局，而不是我们。他们想要铺路，我们就拒绝为他们提供石头；他们想要打扫操场，我们就拒绝拿起扫帚。这样的行为才能引起他们的恐慌和不安，而看到我们绝食，他们一定会偷偷地高兴。所以，每当我们为开展绝食进行表决时，我总是不赞成的。"

这就是曼德拉的处理事情的思路。他不只一次地在回忆过去的时候说："人们常常说，重要的不是事情本身，而是处理事情的方式与方法。跟你讲这样一个众所周知的道理，看起来有点儿傻。不过，碰到不好的事情，我还是会忘记这样简单的道理，心情不由自主就变得特别糟糕。"

69 尊敬和爱意是我唯一的财富

只有放松休息的时候，我才会去冥想，会想起某个人，想那些我特别了解的朋友们。这时，我的内心就会被撕裂，尊敬和爱意也会膨胀。这就是我唯一的财富。

强者的内心往往有着无限的情怀，对挚友，对亲人。他们的感情世界比常人更加丰富，他们的赤子之心比常人更加热忱。

2003 年 5 月 5 日深夜，非国大元老西苏鲁在约翰内斯堡的家中去世。相伴多年的朋友突然谢世让曼德拉非常伤心。曼德拉和西苏鲁相识于 20 世纪 40 年代，在那些风云激荡的日子里，他们并肩战斗，组织广大黑人进行罢工，反抗当时政府的倒行逆施，并在罗本岛上的监狱里共同渡过了漫长岁月。5 月 6 日晚上，曼德拉基金会新址揭幕，当曼德拉出现在大家面前时，眉宇间的哀愁使他看上去衰老了许多，走路也有点踉踉跄跄，需要助手的搀扶。他那晚没有开怀笑过，在为新址揭幕后不久就匆匆离去。

2005 年 1 月 6 日，曼德拉宣布，他的儿子马克贾托·曼德拉当天在约翰内斯堡一家医院死于艾滋病，终年 54 岁。丧子之痛对曼德拉是沉重的打击，让年迈的他一时间无法恢复过来。但很快，坚强的曼德拉就强迫自己振作起来，因为还有更重要的任务在等着他，那就是要弥补曾经无法给予亲人的爱。

虽然长期的监狱生活和辛劳工作使曼德拉的身体比较虚弱，他甚至不能长时间站立，但曼德拉认为自己还有很多事情要做。曼德拉开始和第二任妻子温妮调解关系，尽管他们曾经闹得水火不容，他经常和他与温妮所生的两个女儿吃饭，他也经常和大女儿梅基见面，梅基是他和第一任妻子现在唯一还活着的孩子。更重要的是他还要抚养自己的孙子。早在曼德拉刚刚退休的时候，他就表示“和孙子们开心生活”是他余生最重要的内容。他说：“我有 26 个孙子（女），三个曾孙（女）。现在，我将有机会坐下来帮他们设计未来。”

曼德拉和他的第三任妻子格拉萨在南非首都约翰内斯堡郊外买了一栋漂亮的住宅。在他的孙辈孩子上学期间，曼德拉在这个新家中度过退休后的大部分时光。由于膝下儿孙满堂，曼德拉非常幽默地说，他退休后，一直想在路边竖个牌子，牌子上写着：“我没有职业，要养一个大家庭，请帮忙。”

曼德拉这位有着钢铁意志的黑人领袖，对家人来说却是温柔可亲的。在妻子格拉萨的眼里，他是英勇无畏而又不乏柔情的好丈夫。在孩子的眼里，他是值得骄傲的父亲。曼德拉与第二任妻子温妮的二女儿津齐曾深情地说：“我的爸爸是一个充满感情的硬汉子。我知道，他一直对我们满怀内疚，因为反抗种族歧视的斗争让他无暇顾及家庭和孩子。”

70 看不见的伤疤深深刻在我们的骨头里

那些看不见的伤疤深深地刻在我们的骨头里，留在我们的血液里，蹂躏着生活中的主角，让他们再也难以恢复平静。

曼德拉最后一次见到自己的母亲，是在 1967 年 9 月 9 日。那天，她在族人的陪同下来到罗本岛上探望曼德拉，曼德拉发现她已经十分苍老了，头发花白，背也很佝偻，身体大不如以前了。探访结束后，她要坐船回内陆，看着她脚步蹒跚地往船上走去，曼德拉忽然有种感觉，以后可能再也见不到她了。

曼德拉的担忧成真了，几个星期后，他接到他母亲死讯的电报。曼德拉觉得自己一直以来都忽略了母亲，因此非常自责。曼德拉马上向监狱长办公室申请，要求去特兰斯凯参加母亲的葬礼。但他的请求被监狱长拒绝了，他说："曼德拉，我知道你一向是个守信用的人，你不会逃跑。但是，我对你的朋友和同事们不放心，我怕他们会绑架你。"最终，曼德拉还是没能去成母亲的葬礼。

福无双降，祸不单行。当曼德拉渐渐地从母亲去世的痛苦里走出来的时候，1969 年 7 月的一天，狱警递给曼德拉一份电报，电报是由曼德拉的小儿子发来的，上面只有一句话 ："我的哥哥马迪巴 · 泰姆比在特兰斯凯的车祸中去世了。"泰姆比当时只有 25 岁，但已经是两个孩子的父亲了。

看到这个消息后，曼德拉彻底崩溃了，他躺在床上，不吃不喝。他在日记中写道 ："一个人对这么多的悲剧还能说什么呢？我对我妻子的被捕已经非常伤心了，我母亲的去世一直使我非常难过，此时，我又听到这样的消息。我简直无法用语言来形容我的悲伤，我的心中留下了一个永远无法愈合的创伤。"

1968 年和 1969 年，对曼德拉来说，是他生命中最黑暗和痛苦的两年。在这两年里，妻子入狱，母亲和儿子相继去世，他却什么都不能做，只能待在狭窄的牢房里默默流泪。为了斗争，为了自由与和平，他已经失去了自己的家庭，失去了全部的温暖。从窗户里吹进来的寒风不算什么，更让他感到窒息的，是从内心升起的孤独和寒冷。

在写给温妮的信中，曼德拉讲述了这样一个故事 ："一位勇敢的非洲首领，带着自己的儿子和勇士浩浩荡荡地去打猎。在追赶一头猎物的过程中，他的儿子被一头狮子咬死，而他自己也受了重伤。为了防止细菌感染，随行的人员用烧红的矛贴在他的伤口上。在整个过程中，这位首领忍受着巨大的痛苦，不发一言。后来，随行的人员问道 ：'您难道感觉不到疼痛吗？'他说 ：'能够看得见的伤口固然让人痛苦，但是那些看不见的伤口才更加让人难以忍受。'"在故事的最后，曼德拉写道 ："我现在终于明白这句话的真正意思了。"

71 我们不是在和神打交道

在现实生活中，我们是和普通如你我的普通人打交道，而不是在和神打交道。

世界上没有完美的神。曼德拉在自己的自传里，包括一些跟传记作者的谈话里也讲到，其实他也有缺点。他曾经说，自己是个不愿意付小费的人。他曾自我反省年少时的虚荣轻狂，执政时更“经常由于明显的过错而受到责备”。他亦无一双魔术之手，无法轻松解决南非现代发展所面临的各种问题。事实上，南非至今仍在遭受一系列种族隔离后遗症的沉重折磨。

虽然很多人奉他为神，可是在现实生活中他也有不少的无奈，比如婚姻上的不完美。他曾经说：“任何婚姻破裂都是一种伤害，特别是对孩子。”

曼德拉的生命中留下了三个女人的痕迹。她们分别是：“初恋情人”伊芙琳、“黑人母亲”温妮和“晚年知己”格拉萨。

1941 年，23 岁的曼德拉经人介绍认识了反种族隔离人士西苏鲁，并与其结下深厚友情。曼德拉的初恋情人及第一位夫人伊芙琳·梅斯是西苏鲁的表妹。1944 年，曼德拉将伊芙琳娶过门来。伊芙琳为他生了三个孩子。但由于曼德拉全身心投入反种族隔离运动之中，很少顾及家庭，夫妻俩隔阂日益加大，理想慢慢偏离，最终黯然分手。

曼德拉的第二次婚姻最受人关注。1958 年，曼德拉与年轻漂亮的温妮一见钟情，不久就走入婚姻殿堂。温妮曾不顾个人安危，站在反种族主义斗争的最前线，支持狱中的丈夫与种族主义政权进行斗争；同时她东躲西藏，含辛茹苦地抚养几个孩子。温妮以战斗、忠贞、母爱的形象赢得了广大黑人的爱戴，在南非曾享有"黑人母亲"的尊称。但是到了后来，与丈夫分别太久的温妮慢慢变了。随着地位的不断提高，个人威信逐步扩大，温妮性格中专横跋扈、野蛮霸道的一面逐渐暴露在世人面前。她的政治观点变得激进，崇尚暴力，生活腐化，还发生了婚外恋。1996 年，曼德拉与温妮离婚。

好在，上帝始终还是眷顾曼德拉的。1996 年，在法国巴黎的一次正式宴会上，曼德拉一语惊人："我再次坠入了爱河，连我自己都没想到。"在众人惊愕的目光中，曼德拉满脸幸福地公布了与莫桑比克前总统马歇尔遗孀格拉萨的恋情。两人深深相爱，经常相拥合影，或者当众亲吻，不避闲言。1998 年 7 月 18 日，曼德拉 80 岁生日那天，53 岁的格拉萨成为曼德拉的新娘。

曼德拉曾经说："圣人其实就是不断努力尝试改变自我避免再犯错的罪人，对于某个人，如果他四分之三的生命中他或许会被称为坏人，但是他只要在剩下的四分之一时间里高贵地活着，就可以被封为圣人。在现实生活中，我们是和普通如你我的普通人打交道，而不是在和神打交道。"

曼德拉虽然是一个伟人，但也不是完人，不是圣人，不是神。只是与贪腐丑闻或桃色绯闻不断的一些领导人比，他没有大的人品缺点。

然而，曼德拉自视平凡而实不平凡，具有巨大而久远的人格与道德感召力，是一位不折不扣的英雄。他的高贵，不仅是非洲的高贵，更是超越地域与肤色的人性的高贵。

72 怀疑总是会被怀疑所折磨

在判断其他人的时候，一个人所关注的地方取决于他的性格。我们在判断对方，对方也会判断我们。怀疑总是会被怀疑所折磨，而对于轻信他人的人们，那些善于利用容易上当的人做坏事的人所说的任何事情又是那么值得他们信任。

无论身在何处，曼德拉永远是万众瞩目的焦点，而他也乐在其中。他的形象就像铸在硬币上的那些伟人一样——骄傲、自信、下巴高高昂起。当他主持局面的时候，会依次与每位在场人士目光交汇，试图赢得他们的支持。但是，当聚光灯偶尔没有笼罩在他身上之时，你便会发现他正在注视与判断他人。他的目光不会投向朋友，而是追随着他视为“对手”或“潜在对手”的那些人。他会观察对方的行为风格、说话方式甚至握手的形式。

与许多政治家和领导人不同，曼德拉从来没有把忠诚当成头等大事。他渴望获得忠诚，并会因为得不到人们的忠心而感到失望。但是他知道，政治领域和日常生活中的“忠诚”往往是根据不同情况而定的。世界上没有绝对的忠诚。忠诚在很大程度上是建立于个人利益之上的，因此，曼德拉总是努力使对手认为对他忠诚是符合他们自身利益的行为——至少尽量降低他们产生不忠念头的可能性。

虽然曼德拉十分警觉，但他对人的性格判断并非永远正确。他总是倾向于关注他人的优点，这就意味着有时会看不到对方的阴暗面。此外，他还容易受到恭维、魅力和财富的影响。但是，他也会时刻警惕人性的弱点，对于那些基于冲动和情感因素制定决策，而非以理智思考做出决定的人，他总是小心提防——这可能与他年轻时曾是一个容易冲动的人有关。年轻时期的曼德拉是非洲人国民大会内年长领袖的威胁。所以，他始终关注着那些人的动向，担心他们有可能削弱他的权力或是破坏他的计划。

曼德拉知道，我们不可能找到万无一失的措施来预防对手的攻击。但是，他相信将对手归于麾下，至少能够使他们受到一定的威慑，凡事三思而后行。此外，他至少还可以因此而近距离地监视对方，以便在第一时间发现背叛的征兆。

73 感激别人给予你的点滴恩惠

关注小事情并感激别人给予你的点滴恩惠是优秀人物的重要品质之一。

中国外交部非洲司前司长、前驻南非大使刘贵今，曾与曼德拉有过几次亲密接触。他回忆与曼德拉之间的往事。担任总统期间，曼德拉一直保持着平易近人的态度。多次参加曼德拉与中国领导人会见活动的刘贵今，对这一点十分了解。

1999 年 5 月，时任南非总统的曼德拉应邀访华，成为首位访华的南非国家元首。当时，刘贵今在外交部非洲司担任司长，陪同时任中国全国人大常委会委员长李鹏参加了与曼德拉的会见。当时曼德拉的腿脚已经不太方便，到中国后居住在钓鱼台国宾馆的 18 号楼。

当时，曼德拉和李鹏会见。根据外交惯例，两个人是坐在两个沙发上交谈，旁边再设两排沙发，供随同出席会见的部长等官员就座，工作人员则在沙发后站着等待两名国家领导人入座。

曼德拉来到现场时，李鹏已经在门口迎接。两人握手后，曼德拉并没有直接到自己的沙发上就座，而是走向了站在沙发后面的工作人员，与他们一一握手。刘贵今说 ：“这是我第一次与曼德拉握手，我能感受到，他与我们握手时并不是敷衍了事，而是紧紧握住，这种平等待人的态度让我尤为感动。”

而在他的中国之行中，也记录下一些关于他的趣闻。

曼德拉访问中国上海时，专门为他整理客房的女服务员对他的“客房风范”大为震惊，无所适从。随从人员将此事转告曼德拉，他便请女服务员来到自己的客房，向她道歉，说整理床铺就像刷牙，他从来都是自己动手，已经习惯成自然。

罗本岛狱友图拉里说，曼德拉当了总统，从未忘记老朋友，来开普敦时，总要抽时间见见面，喝喝咖啡，聊聊生活。

这些都是小事情，但是曼德拉并没有懈怠，而是这种细节处理得非常好，真诚地重视并怀着感恩的心，更加彰显他的人格魅力。

74 对自己说长道短是一种美德

对别人说长道短是一种罪过，但对自己就是一种美德。

2013 年 12 月 6 日，英格兰足球队前队长贝克汉姆在 FaceBook 上写道：“我的心与南非人民和曼德拉的家属同在。我们失去了一位真正的绅士、勇敢的斗士。能够认识他这样一位博爱的人，我感到非常荣幸。安息！”

2003 年，还被人称作“小贝”的贝克汉姆准备去见曼德拉的时候，曾在约翰内斯堡特地花费了 4 个小时和 450 英镑打理了自己的发型，希望以新形象去见自己的偶像。他将头发编成了近 20 根小辫、做成紧贴头皮的黑人发型，以此表达他对曼德拉的敬意，并且送上印有曼德拉姓名的英格兰队球衣作为礼物。

贝克汉姆说：“我们今天能来这儿非常高兴，这对我们来说是个巨大的荣誉。”曼德拉则热情地和小贝握手及拥抱，随后笑着向身边的要员介绍，“这就是小贝。”对于小贝的发型，曼德拉笑着回应：“我太老了，没有什么资格对年轻人的流行说三道四了。”

此后的每一年，贝克汉姆都会为曼德拉寄出精心挑选的礼物，表达自己的仰慕之情。

75 接受具有建设性的批评意见

对于在组织内部提出来的具有建设性的批评意见，不管它们有多尖锐，领导者们都要完全接受。

曼德拉曾经问过友人，是否知道有哪个国家的最低投票年龄是 18 岁。友人研究之后告诉他：印尼、古巴、尼加瓜拉、朝鲜和伊朗。他点头而且高声称赞，“很好，很好。”两周之后，曼德拉来到南非电视台，他在电视上提议说将南非的最低投票年龄定位 14 岁。他极力向人民宣扬这样的观点，但只有他一个人支持。他以伟大的人格魅力接受了这样的现实，没有任何愠怒。

懂得如何抛弃一个失败的观点、任务或者是关系经常是领导人最难以做出的决定。对此，曼德拉有过精辟的论述：

“对于在组织内部提出来的具有建设性的批评意见，不管它们有多尖锐，领导者们都要完全接受。这是解决内部问题的有效方法，可以保证每位同志的见解和意见充分得到尊重。任何同志都可以自由地发表意见，不用害怕自己被边缘化甚至牺牲。任何一位领导者，如果对别人的批评过于敏感，或者以一种教师教导没有经验的懵懂学生的态度主持讨论，那就是犯了严重的错误。领导者应该鼓励和欢迎同志们自由地、无拘无束地交换意见，但是不管是领导者还是普通同志，都不能质疑其他同志提出问题时的忠诚度。”

76 思考的时候不能凭一腔热血

思考的时候要靠大脑，而不能光凭一腔热血。

1967 年的一个夏天，曼德拉等人吃早饭的时候，发现玉米粥上漂着肥肉。当天，他们的工作由砸石头变成了缝衣服。中午，曼德拉等人聚在一起吃饭，监狱长忽然走了过来。他咳嗽了一声，然后说："只要你们不大声喧哗，是可以在采石场说话的。"这让曼德拉等人感到非常高兴。

晚上，当曼德拉回到自己居住的牢房时，他发现自己原本在走廊入口的 4 号牢房里所有的东西都被转移到走廊尽头的 18 号牢房。曼德拉意识到：有人要来视察了。果然，第二天一早，狱警就告诉他们不用去干活了，因为国际红十字会的官员将会来岛上访问。

国际红十字会是一个独立、中立的组织，其使命是为战争和武装暴力的受害者提供人道保护和援助。在曼德拉的眼里，红十字会是"唯一既能够倾听我们的抱怨意见又受我们爱戴的组织"。曼德拉说："监狱当局很尊重国际红十字会，我在这里用‘尊重’这个词，其中当然也包含‘害怕’的意思，因为监狱当局只会尊重令他们感到害怕的人和组织。监狱当局对能够影响世界舆论的一切组织都不信任，不把他们当成合法的、公正的调查者，而是把他们当成无事生非、爱管闲事的人。监狱当局主要的任务是避免受到国际舆论的谴责。”

当国际红十字会的官员问囚犯们对监狱生活有什么抱怨时，曼德拉马上走上前去，大声控诉监狱的恶劣条件和沉重的劳动负担。监狱长马上喝道：“曼德拉，回到你的位置上去，没有人叫你。”曼德拉没有理会他，继续和国际红十字会的官员们说话。监狱长又说：“曼德拉，我命令你回到你的位置上去！”曼德拉反唇相讥：“我已经站在这里了，我不想回去。”监狱长冷冷地看着曼德拉，然后命令狱警：“把他拉回牢房去！”

这次的抗议让曼德拉受到关 4 天禁闭的惩罚。不过，这并没有让曼德拉气馁，相反的是，在这 4 天的时间里，曼德拉代表所有的囚犯写了一封投诉监狱长的信。在信中，他对囚犯所受到的虐待以及劳动条件的恶劣发出了控诉：

“几年来，我们一直干着这繁重的、枯燥乏味的工作，这深深影响了我们的健康。你们每天让我们做单调乏味的工作，敲石头、捡石头、铲石头，不给我们任何学习的机会，不让我们去干能对我们产生鼓励并能培养我们内心自尊和责任感的工作，你们没有作出任何努力帮助我们在出狱之后去过受人尊敬的、有意义的生活。”

在信的末尾，曼德拉这样警告道：

“这与我们的利益完全相悖了，我感到气氛越来越浓，大家越来越烦躁。我要求你们马上行动，采取适当的措施来缓和这个局面，不要让事情变得不可收拾。”

在曼德拉等人的努力下，监狱的生活终于有了改善。

“思考的时候要靠大脑，而不能光凭一腔热血。”曼德拉是一个热血的人，但绝对不是一个鲁莽的人。他通过自己的热血去拼，但更是通过自己的冷静和智慧去争。

第五辑

超越：我已经演完了我的角色

77 爬上一座高山就会发现更多的高山

在登上一座大山之后，你会发现还有更多的山要去攀登。

1994 年，曼德拉为之奋斗一生的梦想终于实现。当年，南非举行了首次不分种族的大选，非国大领衔的联盟获胜。为反对种族主义斗争了一辈子的曼德拉当选为南非首任黑人总统。

选期间，南非政治并不平静。不甘心放弃权力的白人种族主义中的极端势力和黑人中的更倾向武装斗争的极端势力都在给大选制造各种麻烦。不过，最终南非的转向奇迹般地以和平方式完成。这一过程中，曼德拉的坚韧与包容起到了重大作用。

这是南非一个新时代的开启。正如曼德拉所言，“让所有人得享正义，让所有人得享和平，让所有人得享工作、面包、水、盐分。让每个人都明白，每个人的身体、思想和灵魂都获得了解放，从属于自己。这片美丽的土地永远、永远、永远再不会经历人对人的压迫，以及遭全球唾弃的屈辱。”

对于曼德拉来说，这也是一个新的开始。

“我走过那条漫漫自由路。我试着不踌躇，路上也迈错过脚步。但我发现一个秘密，那就是爬上一座大山后，你会发现更多山去攀登。”

当选之后，他即着手实施南非经济发展计划，扩大就业，推行种族和解政策，反对种族主义，改善黑人的生活水平，积极推行国家稳定政策。

78 即使可以预知也会作出同样的决定

在作这样的决定的时候，我可能会有一点望而生畏的感觉，那些我明知道要发生的人生悲剧足能够融化我内心钢铁般的意志。

千禧年之交，美国《生活》杂志评选千年来百位最重要人物，曼德拉排名第51，前面是哥伦布、马丁·路德·金、伽利略、达·芬奇、牛顿、达尔文……2004年美国的一项研究显示，曼德拉已成为全球性的商标名称，知名度仅次于可口可乐。

历史充满苦涩的戏剧性。曼德拉的名气，很大程度上是被厄运成就的。他坐了多年牢，身心却竟然没被击垮，令“重新想起”曼德拉的南非和世界都大吃一惊。

说“重新想起”，是因为他一度被遗忘。20世纪60、70年代，曼德拉和他的同伴被判终身监禁后，南非反种族隔离运动陷入低潮，全面的种族隔离愈演愈烈。南非当局不仅刻意隔绝曼德拉与外界的联系，也一直试图将他从公众的脑海中抹去。

1980 年 3 月，南非一家报纸首次打出“还曼德拉以自由”的通栏标题。很短时间里，曼德拉突然一跃成为世界上最著名的囚徒，反对种族隔离制度最有力的象征。而从狱中传向南非各地，又从南非传向世界的消息，把曼德拉“描绘为一个极具威信和影响力的人，虽然经历了 20 年的囹圄生涯，依然开朗、达观和充满活力”。

世界越了解他，就越被他的人生选择和人格魅力所打动。

为了从事反种族隔离的斗争，曼德拉毫不犹豫地放弃了个人的锦绣前程。他和人称“南非之子”的挚友塔博有共同的人生观：“人生的目的是求发展，这也是命运的召唤。有些人可以自助以求发展，有些人需要他人帮助。”

对一个富有理想、热爱生活、感情充沛的人来说，最痛苦的不是要为自己的理想而承受苦难，而是失去家庭生活，并且不得不连累亲人一同承受苦难。曼德拉早年便为反种族隔离事业东奔西走，其后又遭遇 27 年牢狱之灾，直到坐牢的第 21 个年头，他才再一次触摸到第二任妻子温妮的手。

这样的人生境遇，意味着私人生活的不幸。他的第一任妻子伊芙琳 1998 年 11 月接受英国《泰晤士报》采访，风烛残年的她回顾与曼德拉的 12 年婚姻，仍形容为“我一生中最不愉快的日子”，充满沮丧和辛酸，因为“他为了革命而牺牲了家庭生活”。

在自传中，曼德拉谈到的牺牲通常都与家庭生活有关。“我一直不能跟家人团聚，在我的政治生涯中，这是一个一直困扰我的问题。我很喜欢在家里休息，安安静静地读书，呼吸点儿从厨房飘来的饭香味儿，然后和一家人围坐在饭桌前吃饭，偶尔带妻儿到外面游玩。如果连这些简单的快乐都享受不到，在日常工作中就会感觉到失去了生命中某些珍贵的东西。”

回顾人生选择，曼德拉说：“当一个人按照他自己的生活方式走过

45 年后，即使在每一次危险来临前他都能够清晰地预知，但是对于那些影响他整个生命的事件的真实发展的过程和方式，他无论从哪个方面都无法清晰地预知。不过，如果我可以提前预知到这些年来发生过的所有事情，我还是会作出同样的决定，至少我这样认为。但是，在作这样的决定的时候，我可能会有一点望而生畏的感觉，那些我明知道要发生的人生悲剧足能够融化我内心钢铁般的意志。”

79 你应该为自己作的贡献感到欣慰

如果你的膝盖现在开始变得僵硬，眼睛开始模糊不清，头上也满是白发，那么你就已经对这个动荡不安的时代作出了很重要的贡献，你应该为此感到欣慰。

漫步南非城乡街头、广场或购物中心，曼德拉的画像随处可见。孩子们奔跑玩闹，身上穿着印有曼德拉头像的T恤衫，路边小摊上，带有曼德拉笑容的各种纪念品让人眼花缭乱。在黑人世界，曼德拉的受拥戴程度正如拉美世界里的切·格瓦拉和古巴的卡斯特罗。

如今的南非，白人和黑人的孩子们坐在同一教室里上课，不同肤色的情侣们可以手挽手在街上悠闲地散步,而不被侧目。无论种族肤色，人人受法律保护，享有平等和自由，这在20年前是不可想象的。如今的曼德拉也不仅仅是南非人的曼德拉，更是世界的。这位被形容为“全球总统”的传奇人物，从囚徒到总统，又从总统到平民，他解放了一个国家，帮助黑人和白人、压迫者与被压迫者团结在一起，他还建立了一个跨越种族主义的民主南非。英国议员心目中这位排在前首相丘吉尔之前的政治英雄，如今驾鹤西去，但却永远留下了白发映衬下招牌式豁达的微笑。

2008年7月15日，南非邮政总局发行了曼德拉90大寿纪念邮票，当天有数万名各国集邮爱好者通过电话、网络和信函抢购。两个月内，各国游客在曼德拉故居以及曼德拉纪念馆里的留言已写满整整12本。不过他收到的最特别的“生日礼物”则是美国6月26日终于将他从拟定的“恐怖分子”名单里除名。

今日南非，这个盛产钻石和黄金的国度，土著黑人拥有越来越多的权利。据非洲的一项普遍调查显示，南非是黑人政府官员比例最高的国家。在索韦托，可以看到成片的漂亮别墅，这是一些富有黑人的居住区，他们是被称为“黑钻石”的新兴阶层人士。在索韦托的街头巷尾，各种广告牌林立，快餐店、商店、超市应有尽有。2010年，南非举办了举世瞩目的世界杯足球赛。

虽然曼德拉一生致力于消除的差距和歧视依旧在南非存在，但是他显然已经无可挑剔地完成了他所在时代所赋予他的使命，实现了他当初的梦想，让所有南非人民获得自由。在自由和民主实现之后，所要做的是提高人民的生活质量。

正如曼德拉自己说的：“如果你的膝盖现在开始变得僵硬，眼睛开始模糊不清，头上也满是白发，那么你就已经对这个动荡不安的时代作出了很重要的贡献，你应该为此感到欣慰。”我想，他应该是对自己的贡献感到欣慰的。

80 每个人都很容易做到的内在特质

诚实、真诚、纯朴、谦逊、真正的慷慨、不慕虚荣、愿意为他人服务，这些内在特质是每个人都很容易做到的，同时也是我们精神生活的基础。

2004 年 9 月，曼德拉当时唯一在世的儿子马克贾托死于艾滋病，终年 54 岁。当时在南非，艾滋病是一个禁忌话题，马克贾托去世时，医院没有透露死因。但数小时后，曼德拉亲自公布了儿子的死因。他告诉媒体："我们不能逃避真实。"

当时英国广播公司的一则现场报道写道："在亲自宣布儿子死讯的新闻发布会上，曼德拉企图用沉默寡言和面无表情掩藏真实情感。尽管他语气努力保持镇定，但那滑落的泪水泄露了无尽的悲痛。"

追求真相但宽恕罪恶，一个深层的原因是曼德拉相信，只有坏的制度，没有坏的人。他不会让个人的不幸遭遇轻易影响决策判断，并且所作判断总是基于美好的人性。

曼德拉写道："我知道，每个人的内心深处都存在着仁慈和慷慨。没有一个人由于他的皮肤、背景或宗教而天生仇恨另一个人。人们一定是通过学习才会有恨，如果他们能够学会恨，那么他们也一定能够学会爱，因为爱在人类的心中比恨来得更自然。"

曼德拉非常喜爱莎士比亚戏剧《皆大欢喜》里的一句话："逆运也有它的好处"。但实际上，没有足够的德行，逆运并不能当真带来好处。反过来，厄运能够验证德行，不可征服的灵魂经受苦难锻造，锤炼出历史中的真正英雄，赋予人类生存和进步的意义。

81 我不习惯肤浅地用词

我不习惯肤浅地用词。假如 27 年的牢笼岁月教会了我什么的话，那就是让我明白了从孤独的沉默到何种程度的话是宝贵的以及何种程度的真实话语能对人生死的方式产生影响。

小时候，曼德拉深受抚养自己长大的部落领袖荣欣塔巴的影响。每当荣欣塔巴召开部落首领会议时，男人们围成一圈。荣欣塔巴会等到所有人说完之后才做总结发言。曼德拉由此学到，领袖的主要职责不是命令人们去做什么，而是要建立共识。他经常说："领导人不要过早地加入辩论。"

过去，曼德拉经常在家中召开会议。有时，一些同事会冲着他大喊大叫，要求他行动快一点，更激进一点。这时，曼德拉总是静静倾听。最后做总结发言时，他会缓慢而有条理地总结大家的观点，再把自己的看法说出来，从而自然而然地引导大家朝着他期望的方向前进。

因此，曼德拉说："领导的秘诀是在自己领导别人的同时，也让自己被别人领导。在开会时，迟点发言是一种明智的做法，可以说服人们做事，并让他们感觉这是他们的主意。"

曼德拉也经常说，生活从来不是一个简单的是非黑白问题。

曾经有人这样问曼德拉："当你决定推迟武装斗争的时候，是因为你意识到自己没有力量推翻现任政府，还是因为你知道自己能够通过非暴力的方式赢得国际上的支持？"他的回答总是，"为什么不能是两者都是？"

曼德拉的言语中透露这样一个信息——生活从来不是一个简单的是非黑白问题。做任何决定都是一个复杂的过程，都需要分析、思考每一个因素。

身为一名政治家，曼德拉总是以实用主义的态度去看待问题，他认为这个世界总是存在一些差别。这可能因为他是一名黑人，并长期生活在种族隔离制度下，为此他感到异常痛苦并不得不思考：为了做自己喜欢的工作，我是应该选择白人老板并默默接受他们的惩罚呢，还是拍拍屁股一走了之？

82 自己左右自己的机会

尽管我是一个喜欢社交的人，但是我更喜欢孤独，我希望自己左右自己的机会，自己做计划、自己思考、自己谋划。

曼德拉最不喜欢别人对南非指手画脚。

“你如果不高兴就跳进游泳池去吧！”1998 年 3 月克林顿访问南非，在联合记者招待会上，曼德拉公开表示南非将与古巴、伊朗、利比亚保持密切关系，并宣布不久将出访伊朗，令与其并肩站在一起的克林顿大为尴尬。

不仅在政治上如此，曼德拉对个人的生活也是有自己的主见和选择。比如他对婚姻的看法。他认为，“离婚本身是我个人的选择”。

1992 年 4 月 13 日，在约翰内斯堡举行的一次记者招待会上，曼德拉宣布与第二任妻子温妮分手。尽管他把这件事提交非洲人国民大会进行了研究，但是他认为，离婚本身是他个人的选择。在招待会上，曼德拉宣读了以下声明：

诺姆萨莫同志和我，是在国家解放斗争的关键时刻结为连理的。由于我们献身非洲人国民大会和为结束种族隔离而斗争，因而所承受的压力使我们不能享受正常的家庭生活。尽管存在这些压力，但是我们之间的爱恋和双方对婚姻的忠贞却丝毫没有动摇……

20多年来，我一直在罗本岛坐牢，诺姆萨莫同志是必不可少的支柱和安慰……她单独承担起了抚养我们子女的重担……她以非凡的刚毅承受了政府对她的一次又一次的迫害，并从来没有动摇过自己对自由斗争的无私奉献和支持。她的顽强精神进一步加强了我对她的尊敬和爱恋，也赢得了全世界广泛的钦佩。我对她的爱是始终不渝的。

但是，由于我们之间最近几个月中对许多问题有不同看法，我们都认为分手是双方最好的选择。我的行动并不是因为媒体现在正对她进行指责而采取的……诺姆萨莫同志完全可以像过去一样，在她有生之年继续依靠我的慷慨支持。

我个人绝不会对我们曾经共同分享的生活感到惋惜。尽管不该出现这样的结局，但是情况使我们不得不分手。我无怨无悔地离开我的夫人。从我第一次遇到她的那一刻起，我就以我在监狱内外对她培育出来的所有的爱恋爱着她。我希望人们能理解我所经历的这种痛苦。

当我在监狱里的时候，我夫人的生活更艰难。她嫁给了一个很快就离她而去的人，那个人变成了一个神，后来那个神又回了家，并证明他不过是一个人。

正如我后来在我女儿的婚礼上所说的那样，自由战士似乎命中注定要过不稳定的个人生活。当你的生命就是斗争的时候，你就几乎没有家庭生活的余地。这一直是我一生中最大的遗憾，也是我所作的最痛苦的选择。

敢爱敢恨，自己决定自己的命运。这就是曼德拉。

83 以一个人的母语和他交流

如果你以一种外语和一个人交流，你的话只是进入他的大脑；如果你以他的母语和他交流，你的话深入他的内心。

科萨语是曼德拉的母语。曼德拉的父亲曾经是科萨部落的酋长，而且是大酋长的顾问，大酋长去世前，摄政王就是经过曼德拉父亲的竭力推荐而选定的，所以摄政王在曼德拉父亲去世后就将曼德拉接到家中，视若己出，并供养他上了大学。

科萨人又被称为开普恩古尼人，主要居住在东开普省，传统上，他们以狩猎、放牧和耕作为生。科萨族又分为不同的部落，各部落都相对独立，每个部落有一个享有权威的酋长。科萨语的基础是大鱼河、克斯卡码河（KEISKAMMA）、水牛河流域一带的方言。

16 世纪前，科萨部落在沿着海岸向西迁移时遇到科伊人并受到科伊语的影响，科萨语中的响舌音即来源于此。

但是，曼德拉认为，掌握南非白人的语言不仅可以理解他们的世界观，在日后的斗争或谈判过程中也会有帮助。

20 世纪 60 年代，曼德拉在狱中开始学习南非白人的官方语言布尔语。这是南非隔离政策的产物，南非黑人对此深恶痛绝。很多党狱友都嘲笑曼德拉,但他却学得津津有味。曼德拉甚至还温习了橄榄球知识，因为这是南非白人最喜欢的运动，这样他就有机会和白人评点球队和比赛。

曼德拉说 :“即使是最坏最粗鲁的人，也是可以进行沟通的。”

84 对乡村生活依然向往

在南非这座最大的城市里生活了整整 14 年，但是我对乡村生活依然向往。

古往今来，返乡是人类共有的心灵情结。中国文学史上，最经典、最极致的返乡案例当属陶渊明。他的“采菊东篱下，悠然见南山”已成千古绝唱。美国总统接待外国元首，最高的礼遇便是邀请对方到自己的老家去做客。可见，故乡在人们的心目中有着极不寻常的位置，中外皆然。

曼德拉卸任后，最快乐、最惬意的生活方式便是在故乡的山头上悠然自得地走走看看，重新体验儿童与少年时代的生活乐趣。

“在约翰内斯堡被禁的两年里，我的律师工作和参与的政治活动也给我造成了很大压力，我像是得了幽闭恐惧症，都快要窒息了，当时我多么渴望能呼吸道一点新鲜的空气啊。在南非这座最大的城市里生活了整整 14 年，但是我对乡村生活依然向往。我再次渴望看到那诱人的辽阔草原、青翠的山峦、嫩绿的小草和树木、起伏的山脉和深深的峡谷，还有那勇往直前、冲过悬崖流入大海的溪流。”

在曼德拉的书信和回忆录中，曼德拉经常追忆起乡野间的童年生活。在狱中，他也曾以生动的笔触描述过，家乡有美丽的山川和溪流，在池塘里游泳其乐无穷，他可以直接就着奶牛的乳头吮吸牛奶，还能吃上烤玉米棒子。曼德拉坚持称自己为“乡下小孩”，因为乡间的这段安逸、单纯的成长经历在他政治信心的树立过程中起到了至关重要的作用。

85 教育是你可以用来改变世界的最强大武器

教育是最强有力的武器，你能用它来改变世界。

曼德拉在 1999 年从总统职位卸任后，就把主要精力投入到发展南非和非洲的教育、消除贫困和防治艾滋病当中。他以自己的威望和号召力，为妇女儿童以及贫困人群争取资助。1995 年“曼德拉儿童基金”建立，起初的目的是救助南非处境艰难的儿童和青年，帮助他们解决生活急需，后来转为以发展为重点，包括改变社会对待儿童和青年的方式。曼德拉尤其重视儿童和青年的教育。2004 年，曼德拉基金会与联合国教科文组织和汉堡协会共同发起一个“赞助非洲儿童学校”的国际运动，目的是为非洲儿童提供高质量的学校，特别是关注女童和孤儿等弱势儿童。

曼德拉一生中都在为教育付出辛劳，为每个孩子有权开启一份更美好的人生而战。

“教育是通往自由、民主和发展的道路。”

“教育是最强有力的武器，你能用它来改变世界。一个受过教育的人不会遭受压迫，因为他具有独自思考的能力……这个时代竞争激烈残酷，谁能够拥有最好的教育，能在自己的专业领域取得最高的任职资格，谁就能够获得最丰厚的回报。”

因此，他希望每一个非洲的儿童都能上学，并为这个运动多方募捐。在2004年6月1日曼德拉宣布退出公共活动之前，他还参加了索韦托黑人城镇一所学校的揭幕仪式。这所有24个教室，能容纳688名学生的学校，是曼德拉筹款建设的140所学校之一。

曼德拉对非洲的发展着眼于未来，特别是人才的培养。2002年，曼德拉基金会与以英国牛津大学为基地的罗德斯信托基金达成合作意向，建立曼德拉·罗德斯基金会，目的是为非洲培养未来的领导人才。这个基金会从2003年开始运作，实施为期10年的培养各类非洲领导型人才的计划。

86／团结起来拧成一股绳

如果我们团结起来拧成一股绳，遵守原则，果断地行动起来，谁都阻挡不了我们。

1962 年，曼德拉以“煽动罢工罪”和“非法离境罪”被捕下狱，到罗本岛时，罪名升格——企图以暴力推翻政府。

监狱的看守都是白人，给曼德拉这些重刑犯规定，家属 6 个月探监 1 次，每次 30 分钟；写信 6 个月一次，不准超过 500 字；1 年吃两次水果；没有报纸，没有广播，带着脚镣，走出牢房的劳动，是采石场挥镐，采那永远采不完的石灰岩石头。

到罗本岛服刑，曼德拉厄运频频，灾难和打击接踵而至：母亲贫病去世，儿子车祸丧生，妻子也被抓捕。每一个消息，监狱都迅即告知曼德拉本人。南非当局要的就是这样的效果：消磨岁月，困顿精神，泯灭希望，摧垮意志。

牢房到采石场，坑坑洼洼，长长一条砂石路。重犯要犯被驱赶着，前去采石。

队列里，曼德拉悄悄对旁边的难友说："不要快，慢步走。"前后的难友们放慢了脚步,又会意地同步了节奏。三个、五个、八个、十个……不一会儿，所有犯人的脚步都统一了，"刷，刷，刷，刷……"，岛上死一般的寂静中，砂石路面这整齐的声响，显得森严、可怕。押解的看守们愣住了，没由头呵斥，不知道原因，傻傻地不知所措，听任这整齐的脚步一直走到采石场。

犯人们偷偷乐了——这个小小的行动使他们感觉到，严酷的囚禁中，只要团结一致，也可以显示自己的力量。

曼德拉说："如果我们团结起来拧成一股绳，遵守原则，果断地行动起来，谁都阻挡不了我们。"这位战士，舔干了心灵创伤的血迹，带领大家在罗本岛开始了特殊的斗争。

87 冒大险就要承担大责任

冒大险的人常常需要承担大的责任。

曼德拉常说："我尝试不去成为一个蛊惑人心的政客，而是要当一个果断的领导者。"

在曼德拉看来，作为一名领袖，最重要的就是要处事果断，冒多大险就要承担多大责任断。一个唯唯诺诺的领导人是很难成为成功的政治家的。

新加坡首任总理李光耀对政治家的最高评价是"曼德拉级"。李光耀对此的诠释是，政治家办大事不能拖泥带水，不能让个人的因素影响自己的判断力，有多大权力就要承担多大压力。在这一点上，曼德拉是做得最好的。

曼德拉就任总统后，从不以总统自居，相反他时刻警惕权力的腐蚀，紧盯身边人员远离权力腐败。可以说，曼德拉永远是无私的，他疾恶如仇，眼中容不得沙子，包括自己的亲人。曼德拉的第二任妻子温妮曾享有"黑人母亲"的尊称，可谓一人之下万人之上，目空一切。然而，随着地位的不断提高，温妮性格中专横跋扈、野蛮霸道的一面逐渐暴露出来，变得令曼德拉都无法容忍。她的政治观点更是变得激进，崇尚暴力，生活腐化，最终卷入谋杀丑闻。曼德拉的做法便是迅速与其了断一切瓜葛。

在忍无可忍之下，曼德拉先是断然撤销了温妮的部长职务。1995年，当时正任总统的曼德拉将温妮开除出联合政府；1996年3月19日，曼德拉与温妮离了婚。

另一个人物也不得不提，他就是曼德拉的孙子——门德拉。他凭借酋长兼国会议员的双重身份，将曼德拉园区变成了私人的土地，筑高墙，盖大门，建起了一个所谓的家族墓园，觊觎墓园可望带来的旅游收益。这便是后来传出的有关曼德拉的墓地之争。曼德拉早就与他的孙子门德拉拉开了距离，不愿再与其来往，以鄙视他的伎俩。

身为总统的曼德拉的生活也十分简单，从不奢侈浪费。相反，他将自己节减下来的大量的薪水全部捐赠给了那些上不起学、看不起病的黑人孩子。

88 为那些能独自发笑的时刻而幸福

想起那些我能够独自发笑的时刻，我就会感觉到幸福和开心。

“他是一个深得女性欢迎的男人，人们都喜欢围在他周围。”南非反种族隔离活动家，曼德拉的好友阿米娜·卡莎利亚笑称曼德拉很有女人缘。

在曼德拉的诸多著名照片中，有一张是他与英国女王同乘皇家马车，向民众招手。实际上，曼德拉曾数次访问英国，还被瑞士媒体称作与女王“调情”。

2008 年 6 月，应英国女王邀请，89 岁的曼德拉前往英国白金汉宫，准备在英国度过自己 90 岁生日。瑞士媒体报道称，曼德拉与英国女王对坐在沙发上叙旧，89 岁的曼德拉用友好而轻松的语气对年轻他 7 岁的女王说：“每次见您都觉得您越来越年轻了。”而女王则用闲谈的语气回应道：“今天真是好天气呀，专门为您安排的。”最终，这家瑞士媒体以《曼德拉与伊丽莎白女王“调情”》为题来报道英国女王与曼德拉的那次趣谈。

幽默、乐观，这就是曼德拉。

“别担心，放轻松，要快乐！”——85岁的曼德拉精神矍铄，性格开朗。在这位尝过27年牢狱之苦的老人心中，自由就是幸福。

“从今往后，我的生活添加了两个重要内容，第一个是格拉萨，第二个是到莫桑比克吃大虾。”曼德拉与格拉萨相伴晚年。他们为那些能发笑的时刻而感到幸福。

89 能努力达到自己的期望也是一种成功

如果说一个人在有生之年，已经尽到了他应尽的职责，而且不负朋友们对他的期望，那么这就是一种可贵的经历，一种辉煌的成就。

曼德拉的人格魅力和崇高声望同其一贯关心广大黑人群众的疾苦分不开。1994 年 12 月中旬，非国大第 49 届全国代表大会的开幕式。会议在南非司法首都布隆方丹市举行，会场安排在布隆方丹大学，与会代表有 3000 多名，来自不同种族、部落、地区。

会议开幕式在学校体育馆举行，当曼德拉精神焕发、笑盈盈地出现在主席台上时，台下群众一片欢腾、雀跃，高呼“曼德拉”、“曼德拉”，像一阵阵热浪激荡着整个体育馆，掌声和欢呼声长时间经久不息。曼德拉频频招手致意，在群众的欢呼声中发表主旨讲话，阐述了新南非政府将以《重建和发展计划》建设南非，解决广大人民所关心的住房、水电、教育、就业等问题。

开幕式结束退场时，曼德拉被人们围得水泄不通，代表们纷纷争着要与自己爱戴的领袖握一握手，沸腾的场面足足长达半小时之久，他乐呵呵地同代表们在一起。晚上他又与代表们欢歌共舞，忘情扭动着身子，像年轻人一样欢乐。他与黑人群众融洽相处的情景十分感人。

被人真心地拥戴，这就是曼德拉的最大成功。

对此，曼德拉说过："达到最终的目标并不是衡量伟大事业成功的唯一标准，如果一个人在他的一生中，能够努力达到自己的期望，也是一种成功。……或许我们毕生都难以实现我们所怀抱的理想和最美丽的梦想，也达不到我们最热强烈的期望。但是，这些都不是最重要的。如果说一个人在有生之年，已经尽到了他应尽的职责，而且不负朋友们对他的期望，那么这就是一种可贵的经历，一种辉煌的成就。"

90／活到 80 岁会受到所有人的尊敬

如果你活到 80 岁，你就会受到所有人的尊敬，包括那些曾经轻视过你的人。

曼德拉与流行音乐天王迈克尔·杰克逊私交深厚。迈克尔·杰克逊曾于 1991 年在南非探访曼德拉；1998 年，两人再次相会时，天王迈克尔·杰克逊为曼德拉的 80 岁生日音乐会献唱。

1999 年，迈克尔·杰克逊将大规模慈善演唱会所筹集的善款全部捐献给了曼德拉儿童基金会、联合国教科文组织、世界红十字基金会等。捐助仪式上，迈克尔·杰克逊坐在曼德拉的身边，他说：“今天能够坐在一位以个人超凡勇气和尊严点亮 20 世纪的伟人身旁，是我极大的荣幸。他的精神一直在指引着包括我在内的每一个人。”而曼德拉则对迈克尔·杰克逊说：“能和你坐在一起，见证这一刻，也是我的荣幸。”

迈克尔·杰克逊骤然离世时，曼德拉通过自己的同名基金会发布了哀悼信息，称“全世界都感觉到了失去他的伤痛”。在致迈克尔·杰克逊的悼词中，曼德拉称“杰克逊不仅是美国的孩子，也是世界的孩子”。

曼德拉说：“如果你活到 80 岁，你就会受到所有人的尊敬，包括那些曾经轻视过你的人。”

是的，我们对老者是敬重的，更何况是这么一位德高望重的老者。

91 连最奇异的梦想都可实现

我想用乐观的色彩来画下那个岛，这也是我想与全世界人民分享的。我想告诉大家，只要我们能接受生命中的挑战，连最奇异的梦想都可实现！

曼德拉相信南非终究会是缤纷的，如同彩虹一样。他之所以把南非叫做“彩虹之国”，是有几个梦想：一是空气洁净度高，天空出现彩虹；二是种族隔离制度被冲破，不同肤色的人们在同一片天空下和平共处。三是人与动物的和谐相处，赤热焦灼的土地，靛蓝无尘的天空，斑斓多姿的野生动物，黝黑驿动的人群，如此色彩斑斓，这就是有“彩虹国度”之称的南非特有的景象！

为了建立“彩虹国”，曼德拉不惜坐牢，毕生奋斗的美好目标，是建立一个没有种族隔离、没有种族歧视的新南非，而不是政治上从白人优先变成黑人优先，经济上则白人与黑人、本土黑人与外来黑人相互指责的“彩虹国”。

彩虹之国，寄予了曼德拉一种希望，一种梦想。

曼德拉 84 岁时曾在南非举办了个人画展，作品主题是监狱生活。在 27 年的铁窗生活中，曼德拉用木炭和蜡笔绘画来打发时间，渐渐形成了独特画风：线条简单、色彩丰富。他最喜欢用画笔讲述自己的铁窗故事，但并不选用“黑暗、阴沉”的颜色，而是明亮轻快的色彩，以此来表现自己乐观积极的心态。

在一幅名叫《狱中观望》的画作中，一根根监狱的铁栅栏占据了大部分画面，栅栏外的远处是开普敦的平顶山，画中还有曼德拉的亲笔签名。在其他一些画作中，曼德拉还用幽默的风格表现了狱中生活的清贫。

在那时，许多支持或反对他的人都相信，他的政治生命乃至自然生命，都将不可避免地在漫长的“绝缘”环境中耗尽，与罗本岛的草木同朽，他和他的理想，也将很快被世人所遗忘。然而，曼德拉再次表现出顽强的生命力，他积极、乐观，虽已过不惑之年，却仍热衷于锻炼身体，组织囚犯足球队、拳击队，跑步，每天做俯卧撑，还通过反复斗争，争取到在监狱院中种菜的权利。

在罗本岛期间，他努力弥合不同政见、不同派系狱友的关系，协调矛盾，求同存异甚至抽空完成了其唯一一个大学毕业文凭的进修。

在饮食匮乏的囚徒生涯中，他仍执著地坚持养生之道，对弥足珍贵的饮食仍然采取节制态度。甚至，他还有闲情逸致在铁窗中给女儿泽妮写信，提醒贵为斯威士兰王妃的她“吃鸡不要吃皮，以免摄入过多脂肪，影响健康和形体”。对其他狱友的健康他也十分关心，经常带着比他年轻得多、身体却差得多的战友参加各种锻炼。

“我想用乐观的色彩来画下那个岛，这也是我想与全世界人民分享的。我想告诉大家，只要我们能接受生命中的挑战，连最奇异的梦想都可实现！”

曼德拉以自己的行动证明：这个世界终究会是缤纷的。

92 现在是新手挑起重担的时候了

活了将近90岁之后，现在是新手挑起重担的时候了。现在重担到你们手中了。

2008年6月，曼德拉缓步登上伦敦海德公园为庆祝他的90岁生日而举办的46664音乐会的颁奖台。这场音乐会的组织者是电影演员威尔·史密斯，明星包括约翰尼·克莱格、索韦托福音合唱团和刚果歌星帕帕·文巴。还有一群明星——包括比尔·克林顿和奥普拉·温弗瑞等，都参加了单独举行的晚宴，以便向他表示敬意。5年前，在曼德拉的85岁生日庆祝会上，比尔·克林顿参加了派对，并向他的朋友致辞说："您教给了我们宽恕带来自由、暴力无济于事……和助人为乐。"

90岁，这是生命的一个高度。曼德拉说："活了将近90岁之后，现在是新手挑起重担的时候了。现在重担到你们手中了。"

曼德拉留给世人最宝贵的"遗产"之一就是选择了离开总统职位。国家进入正轨后，功成身退，推动形成民主政治框架。退休后不玩退而不休，幕后操纵。1994年他当选南非总统时，他有机会一直坐在这个位置上，直到逝世——很多人都认为这是补偿他多年牢狱之灾的方式。然而在 1997 年 12 月，曼德拉辞去南非非洲人国民大会主席一职，并表示不再参加 1999 年 6 月的总统竞选。

这种让贤举贤的高风亮节，博得人们广泛赞誉。曼德拉经历铁窗生涯 27 年，就在他出任总统仅两年时间，正处于政治生涯的巅峰之刻，即毅然决然于 1996 年 12 月非国大全国代表大会上辞去非国大主席职务，举荐年轻的姆贝基担任，为其接任总统作准备。当人们问他为何不继续竞选时，他说他不相信一个年近八十的人，还有精力去涉足政治。

这一举动震惊国内外。此后，曼德拉一直以谦谦长者之风度宣传姆贝基，说“他比我这老头强”。实际上，此时的曼德拉，身体依旧健康。

纵观非洲的历史，愿意做到自动退出的民选领导屈指可数。曼德拉的辞职是因为他希望能给后人树立一个榜样。“他的职责是制定航线，而不是亲自掌舵。”国际观察家本尼·安格说，“曼德拉清楚自己的职责，知道该去做什么不做什么。”

曼德拉是一个不恋权力的伟大政治家，他在亲手建立起一个民主新南非的同时，在拥有世人仰慕的巨大光环的围绕下，在南非结束种族隔离后只做了第一任总统，就主动请辞。不仅仅是在非洲，在世界上的很多国家中，也实属罕见；正是他不贪恋权力，奠定了新南非民主宪政的基础，更是他受到包括南非乃至全世界人民敬仰爱戴的原因之一。

93 我已经演完了我的角色

我已经演完了我的角色，现在只求默默无闻地生活。我想回到故乡的村寨，在童年时嬉戏玩耍的山坡上漫步。

在曼德拉的时代乃至如今，一国领导人为保住政权，打压反对声音、修改宪法等并不罕见，但一度居功至伟的曼德拉并没有如此。

1994 年当选总统后，很多人认为，当个终身总统是补偿曼德拉多年牢狱之灾的唯一方式，拥戴他如此的南非人不在少数。而在执政期间，曼德拉的确是一名卓有成效的总统，他完全有理由长期执政。

5 年任期内，曼德拉成功维持了南非的和平稳定，在很大程度上化解了黑人和白人之间的对立。

曼德拉从自己身边安排白人保镖开始，一点一滴地做着和解工作。他邀请前白人总统德克勒克担任副总统，并在 1995 年南非橄榄球世界杯后，赢得了多数白人的心。

对于南非黑人来说，橄榄球是白人专属运动，是南非种族隔离制度的象征。主要由白人组成的南非橄榄球国家队也遭到黑人抵制。

“体育的力量无与伦比，它能激励人民，团结人民……要打破种族藩篱，体育的力量胜过各国政府。”曼德拉深知体育的力量，因此，在当选总统之后，曼德拉就决定利用橄榄球世界杯来化解南非种族对立情绪。

通过自己的影响力，曼德拉促成南非成为 1995 年橄榄球世界杯决赛举办地。

他以一己之力，说服非国大内反对派，还亲自接见南非橄榄球队队长，激励他们赛出好成绩。

橄榄球队队长也提出了“一支球队、一个国家”的口号，南非黑人和白人，第一次拥有了共同的荣誉感。

曼德拉的积极参与，也令越来越多的黑人加入了为国家队加油助威的队伍。后者一路杀进决赛，决赛那天，曼德拉还穿上了球队 6 号球衣，球队士气大振，最终一举夺魁。

将这一历史过程记录下来的英国记者卡林说，正是在 1995 年 6 月橄榄球世界杯那次震撼人心的决赛上，曼德拉真正成为整个南非的“国王”，无论黑人还是白人。

除了收获了白人的支持，在曼德拉任内第二年，连续多年经济负增长的南非，首次实现经济增长。整个南非社会趋于稳定。

在庆祝世纪之交的仪式上，曼德拉在他曾被囚禁的牢房中点燃一根蜡烛，象征民主南非未来的希望，“在未来的南非，不论种族和肤色，人人和睦相处”。曼德拉心胸宽阔，不计私仇，他的这种精神使南非梦想成真成为可能。

有一次人们曾问曼德拉，他希望世人如何纪念自己。他回答说：“我希望我的墓碑上能写上这样的一句话：‘埋葬在这里的是已经尽了自己职责的人’。除此之外，我别无他求。”

94 曼德拉之后还有后来人

曼德拉之后，还有后来人。我们有很多有能力的年轻人。

曼德拉给世界留下了精神财富，犹如一个开采不尽的金矿。南非资深媒体人皮埃特·马雷说，如果去“挖掘”，可以从中得出一些宝贵启示。

曼德拉的杰出，不仅在于他以非暴力方式创建了新南非，还在于他把和解和宽容的精神传播于非洲和世界各地。留给世界无可争议的精神财富。曼德拉在其影响如日中天之际退出政界，他对此解释说：“曼德拉之后，还有后来人。我们有很多有能力的年轻人。”

他来自民众，又回归民众。

曼德拉去世后，部分白人会有不安情绪，他们担心南非政府会对白人进行“清算”。对此，南非金山大学国际事务研究所研究员斯科特·费尔辛说，曼德拉虽然退出政界多年，但他一直起到稳定人心的作用，被视为南非人民的“精神支柱”，他的离世会对南非产生影响，但如果南非政府处理得当，不会发生大的动荡。这近 20 年的发展，南非已建成系统的法律体系，国家机器运转正常，经济处于平稳有序发展过程当中，特别是南非政府实行扶助黑人和此前在种族隔离制度下受到不公正待遇的族群。这些人不仅在经济上给予扶持，在社会服务上也给予基本的生活保障，并且，南非已建立起全覆盖的社会救助制度，包括社会养老金、贫困人口补助、困难家庭儿童抚养等。另外，南非议会的监督制度也比较健全，各个政治派别、各种社会力量也能在法律的框架之内诉求自己的利益。”曼德拉领导南非这些年以及卸任总统之后所倡导的种族平等、包容等，对于南非今后的稳定还会起到积极的作用。

世界顶级足球盛宴 2010 年第一次来到非洲大陆。在开幕式上，除了世界杯主题曲，还有一首歌曲吸引了全球目光，那就是《希望》。这首歌是曼德拉亲自填词的，不仅寓意世界杯，更代表了南非甚至是整个非洲大陆的希望。

现在开始祈祷
这是一首多么美妙的歌
你不必忧伤
当你站起
我将做你的翅膀
穿越一切
飞翔于你的梦想
当你想要重新开始
当你的精神想要升华
我将做你的翅膀
困难被抛在脑后
总有一些事情需要奋斗
没有什么可以哭泣

当失望渐起

眼泪长流

向你的内心寻找

你会发现希望

绿色象征着和平，代表着希望，喻示着重生。

斯人已故，感念其人。曼德拉从容面对苦难、理性应对现实、热爱人民、热爱生活，他给世人留下太多物质之外的精神力量。他有过恨，但他更崇尚爱，甚至在耄耋之年像年轻人一样享受热烈的爱情。当人们哀悼曼德拉，那是在传递我们共盼的宽容与和谐；当人民怀念曼德拉，那是在共享我们拥有的希望与梦想。

只要这个世界还存在种族、宗教的不平等，还存在暴力、存在隔阂，曼德拉就会不断被一代代后来人想起、提及，他的历史生命就会永垂不朽。

如今曼德拉的 4 米雕像伫立在约翰内斯堡国会广场，在约翰内斯堡的卫星城、“黑人之都”索韦托，巨幅曼德拉画像，和画像下方他的名言：“让黑人和白人成为兄弟，南非才能繁荣发展。”这一切都无声地提醒人们，曼德拉还是活的神话。

95 生命的意义不仅是活着

生命的意义不仅是活着，而是我们给别人的生命带来了何种不同。这决定了我们人生的意义。

曼德拉追悼大会于2013年12月10日举行，上百位各国元首和国际组织领导人与现场的9万南非民众一起，共同追悼这位反种族隔离的斗士。联合国秘书长潘基文在致辞中说，曼德拉是全球的精神导师，他虽然离世，但他的精神和影响力却如同一棵“扎根全球的大树”。

追悼会当天一直下着绵绵细雨，整个追悼活动也被推迟了一个小时进行。潘基文说：“这雨恰似南非和世界人民心中的哀思。”“我希望风雨过后，我们能尽快看到彩虹。”“只有彩虹才能带走我们内心的伤痛。”

曼德拉用了毕生的精力，在南非乃至非洲、世界其他国家推行民主、自由。为了反对南非的种族隔离制度，他被关在监狱达27年之久。潘基文说：“世界失去了一位深受爱戴的精神导师。他以身作则，为了自由和民主，他可以舍弃自己的一切。”

在曼德拉逝世后，联合国曾发文称赞他是我们这个时代的“巍巍巨人”。潘基文在致辞中说：“曼德拉并没有离开我们，看看这个体育场，他（的照片）无处不在。我们所有的人万众一心，血脉相通。”

他还比喻说，曼德拉就像猴面包树，深深地扎下了根，“这个星球上，他无处不在。”“曼德拉给我们指明了道路，他的心胸比这个 9 万人的体育场还要宽广。他一个有感染力的笑容，就能将其点亮。”

潘基文最后表示，“曼德拉是个拳击手，他的一生都在战斗，为了我们中的每一位。”“这也是我们所有热爱他的人的责任，我们将永远记住他。我们将倾尽所有手段，不论是制裁、武器禁运、体育抵制还是外交孤立，都要继续反对各种不公，为繁荣与和平而战。”

人的生命终究有其极限，每一位、每一代政治家都有其历史使命，曼德拉在其政治生涯中，已成功扮演了“彩虹国”缔造者和新旧南非政治过渡引导者的角色，对于他，人们无权要求更多，“新南非”、非洲乃至世界今天存在的种种问题，应由“新的曼德拉”——今天和未来活跃在政治舞台中心的新一代政治家，来承担、去完成。

“在这个世界上，我们的生命只有一次，机会一旦错过就不会重来。确立生活的目标，一般情况下尽可能不要偏离它。”

曼德拉的生命是结束了，“曼德拉的微笑”将永恒于天际，而现实中的人们，应携手努力，将其为之毕生奋斗的“彩虹”永留人间。

附录 1：曼德拉人生路

1918 年 7 月 18 日　曼德拉诞生在特兰斯凯首府乌姆塔塔附近的姆维佐村。同年，约翰内斯堡的清洁工举行了南非第一次独立的非洲工人罢工。

1925 年　南非本地人国民大会（1912 年成立）正式改名为非洲人国民大会。

1927 年　9 岁时，父亲得了重病。临逝世前，将他托给酋长荣欣塔巴照管。

1934 年　荣欣塔巴决定让曼德拉参与成年割礼仪式。不久后，曼德拉到克拉克伯里寄宿学校读书。随后，曼德拉到希尔特敦学院学习，准备考大学。

1938 年初　曼德拉进入黑尔堡大学学习，同时与奥利弗·塔博和马坦齐马等人熟识。

1940 年　曼德拉因参与学生罢课被校方暂令退学，回到家乡后，又因不满荣欣塔巴为他操办的婚事而出走。

1941 年　曼德拉来到约翰内斯堡，先是在矿山公司当警察，后搬到亚历山大，并结识了沃尔特·西苏鲁。

1942 年　曼德拉通过函授课程，获得黑尔堡大学的文学士学位。随后，开始半工半读，在威特沃特斯兰德大学攻读法律。

1943 年　亚历山大黑人居住区的非洲人为抗议车票涨价，举行了为期 9 天的抵制公共汽车运动。

1944 年　曼德拉结识了当护士的伊芙琳·梅斯，不久即结婚。同年参加非洲人国民大会，并参与组建主张改革的非洲人国民大会青年联盟。

1946 年 8 月　德兰士瓦金矿工人罢工，要求增加工资，遭史末资政府武装镇压。

1948 年　曼德拉当选为青年联盟全国书记。同年,国民党竞选获胜，马兰政府上台，开始全面推行种族隔离制度。

1949 年 12 月　青年联盟推举詹姆斯·莫罗卡为非洲人国民大会主席候选人，后者击败苏玛当选为主席，沃尔特·西苏鲁当选为秘书长，曼德拉与塔博人选非国大全国执委会并通过“行动纲领”。

1950 年　马兰政府通过“人口登记法”和“集团居住法”，使种族隔离制进一步系统化。

1950 年 5 月 1 日　非洲人国民大会、印度人大会、南非共产党组织罢工集会，遭马兰政府镇压，18 名非洲人被杀，30 多人受伤。

1950 年 6 月 20 日　面对即将于 7 月生效的“镇压共产主义条例”的威胁，南非共产党宣布自行解散。

1950 年 6 月 26 日　由非洲人国民大会和印度人大会联合组织的全国性大罢工。曼德拉担任两个组织间的协调工作。

1950 年底　曼德拉当选为青年联盟全国主席。

1951 年　马兰政府颁布“班图权利法”。

1951年12月　曼德拉和西苏鲁将“行动纲领”的具体计划提交非国大年度大会，建议在1952年4月6日南非白人庆祝统治300周年时举行群众抗议活动。

1952年4月6日　在两次致函马兰总理均未得到合理答复后，非国大决定在全国举行抵制不公正法律的群众大会，“蔑视运动”进入热身阶段。曼德拉当选为“蔑视运动”全国志愿者总指挥。

1952年6月26日　1950年全国大罢工纪念日，“蔑视运动”正式开始。当晚深夜，曼德拉散会后因宵禁时间在外行走遭逮捕。这是他第一次进监狱，但很快被释放。

1952年7月30日　警察在全国范围内袭击了非洲人国民大会和印度人大会的16处工作点。两个星期后，逮捕了“蔑视运动”的20位领导人，其中包括曼德拉等人。他们后来被判9个月监禁，缓期2年执行。

1952年10月　曼德拉当选为非洲人国民大会德兰士瓦省主席。

1952年12月　非洲人国民大会全体会议选举阿尔伯特·卢图利为主席，选举曼德拉为副主席。曼德拉在取得律师合格证书后，与奥利弗·塔博合办律师事务所。

1953年　马兰政府颁布《班图教育法》，曼德拉提出建立社区学校以进行抵制。同年，温妮来到约翰内斯堡学习社会工作。

1954年　德兰士瓦法律协会请求最高法院取消曼德拉的律师资格，理由是他在“蔑视运动”中所起的领导作用。此请求被最高法院驳回。在计划获得通过后，曼德拉着手落实组织机构的改革工作，并全力准备召开南非人民代表大会。

1955年6月25日~26日　南非人民代表大会召开，会议通过了闻名的“自由宪章”。

1955年9月27日　警察在全国范围内进行大规模搜捕活动，至少有500人在办公室或家里遭到搜身。

1955 年底　对曼德拉的管制禁令到期；此时，警察又对他宣布了为期 5 年的禁令。同年，与伊芙琳的婚姻关系破裂，3 个小孩与母亲生活。

1955 年 12 月　温妮从社会工作系毕业，分配到巴拉格瓦纳斯医院工作。

1956 年 12 月 5 日凌晨，1000 多名警察同时出动，在全国范围内对黑人解放运动积极分子进行搜捕，曼德拉与其他非国大领导人被捕。被捕的 156 人被控犯有叛国罪。

1956 年 12 月 19 日　叛国罪案预审开始。

1956 年底 曼德拉与温妮相识。

1957 年 3 月 10 日　曼德拉正式向温妮求婚。

1957 年 12 月　大法官停止对叛国罪案中的 61 名被告的起诉，其中包括卢图利酋长、奥利弗·塔博等。

1958 年 6 月 14 日　处于管制禁令之下的曼德拉争取到 4 天婚期，他们一起来到温妮的家乡比赞纳举行婚礼。

1958 年 8 月　叛国罪案的主要审判开始。

1958 年底　温妮因参加反通行证法游行而遭逮捕，当时她已有身孕，出狱后不久生下泽妮。

1959 年 1 月 19 日　法庭宣布 64 名被告的指控被撤销。这样，156 名被告仅剩下 31 人受审，曼德拉仍在其中。

1959 年 4 月 6 日　非国大中的非洲主义者派和自由宪章派正式分裂。非洲主义者派在其领袖罗伯特·索布克韦领导下正式宣布成立阿扎尼亚泛非主义者大会。

1960 年 3 月 21 日　反通行证运动游行开始。沙佩维尔惨案发生，警察向示威群众开枪，打死 69 人，打伤 180 人。随后，警察在兰加地区又杀害了 6 名示威者。

1960 年 3 月 30 日　政府宣布实行紧急状态法。

1960年4月8日　南非议会根据“镇压共产主义条例”宣布非洲人国民大会和泛非主义者大会两个组织为非法。

1960年8月底　政府取消了紧急状态，释放了被捕者。

1960年12月 曼德拉与温妮的第二个女儿出世，取名津齐。

1961年3月29日　法庭对叛国罪案实行最后宣判：所有被告被宣布无罪。随后不久，曼德拉开始转入地下活动。

1961年5月29日　曼德拉号召全国举行为期三天的罢工，但因为组织不理想，曼德拉于第二天即宣布停止罢工。

1961年6月26日　“蔑视运动”9周年纪念日。转入地下的曼德拉向南非人民发表长篇声明。

1961年11月　曼德拉创立“民族之矛”。

1961年12月16日　“民族之矛”发起第一次军事行动。

1962年1月11日　曼德拉秘密出访非洲国家。

1962年7月20日　曼德拉在出席了“东非、中非和南非泛非自由运动大会”、访问了非洲15国以及伦敦后潜回南非。

1962年8月5日　曼德拉从德班返回约翰内斯堡途中被捕。

1962年8月8日　曼德拉第一次出庭。

1962年10月22日　对曼德拉的审判正式开始。

1962年10月25日　曼德拉被判煽动罢工罪和无护照出国罪。

1962年11月7日　曼德拉被判处5年监禁和苦役。

1963年7月11日　非国大“民族之矛”司令部被查获，随后一些非国大的主要领导人被捕，其中包括西苏鲁等人。警方发现曼德拉亦卷入“民族之矛”的组织工作，即将他从罗本岛转到比勒陀利亚监狱。

1963年10月9日　震惊世界的利沃尼亚审判开庭。由于起诉书不准确，法官不得不撤销起诉。

1963年12月3日　利沃尼亚审判重新开庭。

1964年4月20日　法庭辩论开始，曼德拉利用提供供词的机会宣读了著名的法庭宣言。

1964年6月11日　法庭裁决：曼德拉犯有指控中提出的四条罪行。9名被告中，8名被判有罪。

1964年6月12日　法官宣判：曼德拉等8名被告判处终身监禁。

1965年　温妮受到5年管制禁令的约束。

1967年6月21日　“恐怖主义法”正式生效。

1969年5月21日　温妮被捕。

1970年2月16日　温妮与其他被告全部获释。

1976年6月16日　索韦托学生举行示威游行，遭到警察野蛮镇压，导致了持续年多的索韦托暴动。

1976年8月　温妮又一次被捕，后不久在判决中胜诉，获释。曼德拉代表罗本岛的政治犯起草了一份声明，支持学生的抗议运动，谴责南非当局的镇压暴行。

1976年10月26日　特兰斯凯黑人家园宣布“独立”。

1977年5月16日　温妮又一次被捕，次日被流放到奥兰治自由邦布兰德福特镇。

1979年　津齐离开了母亲温妮去读书。

1980年　非国大宣布此年为“行动年”。“释放曼德拉”群众运动从南非国内传到国外。

1981年3月　曼德拉被提名为伦敦大学名誉校长候选人，得票达7199张。

1982年4月1日　曼德拉与西苏鲁等人从罗本岛监狱被秘密转移到开普敦的波尔斯摩尔监狱。

1983年　博塔正式提出“三院制议会”方案。

1983年8月　南非联合民主阵线成立。

1984 年 5 月 12 日　监狱当局通知温妮,她可以开始“接触性探视”曼德拉。

1984 年 9 月　瓦尔三角区的黑人城镇发生暴乱，此后蔓延到全国。

1985 年初　南非当局允许英国保守党人贝塞尔勋爵和美国乔治敦大学法律系教授戴希访问曼德拉。

1985 年 6 月　非国大在赞比亚举行协商会议，专门讨论政策问题。

1985 年 7 月 13 日　南非政府决定实施紧急状态法。

1986 年起　以南非政府司法部长科特西为首的 4 名部长开始与狱中的曼德拉举行“严肃的对话”。

1986 年 9 月 16 日　欧洲共同体宣布对南非实行经济制裁。

1986 年 10 月 2 日　美国参议院投票赞成对南非实行经济制裁。

1987 年 11 月 5 日　姆贝基——利沃尼亚叛国案中最年长者被释放。获释前，他在波尔斯摩尔监狱会见了曼德拉。

1988 年 2 月 24 日　南非政府禁止联合民主阵线和 17 个其他黑人反对派组织参与政治活动。

1988 年 8 月　曼德拉因肺病住院治疗。4 个月后，他被转移到维克多・维尔斯特监狱。

1988 年 12 月 28 日　温妮领导的“曼德拉联合足球俱乐部”将 4 名黑人青年绑架到温妮的住宅。

1989 年 1 月 27 日　索韦托社区领袖要求温妮解散她的足球俱乐部，遭温妮拒绝。

1989 年 2 月 2 日　博塔因病辞去国民党领袖职务，德克勒克当选为新主席。

1989 年 7 月 5 日　南非总统邀请曼德拉到官邸“用茶”。狱中的曼德拉接受邀请，并交给博塔一份声明。

1989 年 8 月 14 日　博塔辞去总统职务，由德克勒克继任。

1989年8月21日 “哈拉雷宣言”通过，提出南非谈判7方针。

1989年9月20日 国民党大选获胜，德克勒克正式宣誓就职，任南非总统。

1989年10月11日 德克勒克总统会见一批黑人宗教领袖，其中包括德斯蒙德·图图大主教。

1989年10月15日 包括西苏鲁在内的8名黑人领袖被南非政府无条件释放。

1989年11月23日 曼德拉在狱中与姆贝基长谈3小时，讨论西苏鲁等人访问卢萨卡非国大总部一事。

1989年12月13日 德克勒克在总统住宅会见曼德拉。

1990年1月25日 开普敦左派周报《南方》全文发表了曼德拉在会见博塔时递交的5000字声明。

1990年2月2日 德克勒克在议会宣布重大改革措施，包括取消对非国大、泛非大和南非共的禁令等。

1990年2月11日 南非当局无条件释放曼德拉。当晚，曼德拉在开普敦市政厅广场发表演说。第二天，他在开普敦举行了他出狱后的第一次记者招待会。2月13日，他回到索韦托家中。

1990年2月25日 曼德拉来到黑人暴力冲突最厉害的德班，呼吁加强团结，实现和平。

1990年2月27日 曼德拉率非国大国内代表团到赞比亚卢萨卡的非国大总部参加非国大全国执委会议。

1990年3月2日 曼德拉当选为非国大副主席。

1990年5月2～4日 曼德拉为首的非国大代表团和以德克勒克为首的政府代表团举行首次会谈。

1990年5月 曼德拉访问非洲6国。

1990年6月4日 曼德拉出访非洲、欧洲和美洲14国。

1990 年 7 月 25 日　南非警方制造“红色阴谋”事件，逮捕了 40 多名非国大成员和南非共产党员。

1990 年 7 月 26 日　曼德拉与德克勒克举行紧急会晤。

1990 年 8 月 6 日　非国大与政府的第二次会谈如期举行。

1990 年底　非国大与政府谈判又一次陷入僵局。曼德拉与德克勒克先后两次会晤，使气氛缓和。

1991 年 6 月 30 日　种族隔离制正式宣告结束。

1991 年 7 月 2 日 ~ 7 日　曼德拉当选为非国大主席。

1991 年 12 月 20 日 ~ 21 日　关于制定新宪法的谈判举行。

1992 年 3 月 17 日　白人公民投票结果表明，大部分人对德克勒克总统的改革持赞成态度。曼德拉随后向德克勒克表示祝贺。

1992 年 6 月 17 日 ~ 18 日　在约翰内斯堡附近的博伊帕通镇发生大屠杀。

1992 年 11 月 26 日　德克勒克提出最迟于 1994 年 4 月底以前举行多种族选举的时间表。

1993 年 4 月 1 日　在中断 9 个多月以后，制宪谈判恢复。

1993 年 7 月 2 日　谈判会议确定 1994 年 4 月 27 日为选举日期。

1993 年 9 月 8 日　曼德拉呼吁取消对南非的所有经济制裁。

1993 年 10 月 15 日　曼德拉与德克勒克共同获得诺贝尔和平奖。

1993 年 11 月 2 日　多党谈判委员会正式同意在选举后分享权力。

1993 年 11 月 14 日　曼德拉表示，非国大承诺明年组成的民族团结政府将包括现任白人总统德克勒克。

1993 年 11 月 16 日　曼德拉与德克勒克就制宪谈判关键问题再次举行会谈并取得进展。

1993 年 11 月 24 日　非国大发表声明，对美国宣布取消对南非的全部制裁表示欢迎。

1993年12月7日　过渡行政委员会正式成立，从而使黑人有史以来第一次在国家事务上有发言权。

1993年12月10日　曼德拉与德克勒克在奥斯陆接受诺贝尔和平奖。

1993年12月11日　曼德拉与德克勒克抵瑞典进行访问。

1993年12月20日　非国大与阿非里卡民族阵线达成一项临时性协议。

1993年12月22日　南非白人议会通过了南非历史上第一部非种族主义的临时宪法。该临时宪法将指导南非的民主进程，直至建立一个真正的民主国家。

1994年2月　曼德拉作出重大让步，表示非国大同意起草有关考虑建立一个白人家园的宪法草案。

1994年3月13日　博普塔茨瓦纳黑人家园“总统”卢卡斯·曼霍佩压制人民的民主运动，引起动乱。在曼德拉的提议下，南非过渡当局解除其职务。

1994年4月8日　德克勒克总统、非国大主席曼德拉、因卡塔领袖布特莱齐和祖鲁国王祖韦利蒂尼举行四方首脑会谈，谈判解决威胁选举的暴力行为。随后，非国大发表声明，承认祖韦利蒂尼是夸祖鲁和纳塔尔省的合法君主。

1994年4月19日　布特莱齐正式宣布参加南非首次大选。

1994年4月26—28日　南非第一次多种族大选举行，非国大取得决定性胜利。

1994年5月9日　多种族议会正式开幕，曼德拉当选为新政府总统。

1994年5月10日　曼德拉宣誓就职总统。翌日，南非新内阁宣誓就职。

1994 年 6 月 1 日　曼德拉总统为首的新政府决定对孕妇和 6 岁以下儿童实行免费保健医疗。

1994 年 6 月　曼德拉在突尼斯出席非统组织国家首脑会议，受到热烈欢迎。

1994 年 7 月 1 日　新政府将白人、有色人、亚洲人和黑人的教育部合并为统一的管理机构。

1994 年 9 月 1 日　新政府宣布为上学的儿童免费提供午餐。

1994 年 11 月 17 日　曼德拉签署《土地法》，开始对旧的土地法律进行清理和纠正。

1994 年 12 月 8 日　曼德拉总统在约翰内斯堡发表讲话，承认新政府有局限、有弱点。

1994 年 12 月 17 日　曼德拉的自传正式出版发行。

1994 年 12 月 19 日　曼德拉在非洲人国民大会 49 届代表大会再次被选为主席，姆贝基被选为副主席，西里尔·拉马福萨被选为总书记。

1998 年 9 月　获美国“国会金奖”，成为第一个获此奖项的非洲人。

1999 年 6 月　卸任总统职位，仍然在为世界和平和人类尊严而不懈努力，并大力兴办学校，为南非防治艾滋病投入了大量精力。

2000 年 8 月　被南部非洲共同体授予“卡马奖”。

2001 年　诊断出罹患前列腺癌。

2004 年　退隐。被选为“最伟大的南非人”。

2005 年　宣布爱子死于艾滋病。同年，被联合国任命为“联合国亲善大使”。

2007 年　成立国际长者会。

2009 年　第 64 届联大通过决议，自 2010 年起，将每年 7 月 18 日定为“曼德拉国际日”，以表彰他为和平与自由作出的贡献。

2010 年 南非世界杯期间，92 岁高龄的曼德拉出席世界杯足球赛闭幕仪式，依然是全世界关注的焦点。

2011 年 1 月 28 日　在治疗了两天急性呼吸道感染后出院。

2011 年 5 月 23 日　迁往位于约翰内斯堡的乡下家中。

2012 年 12 月 18 日　住进比勒陀利亚一家医院，治疗肺部感染和胆结石。

2012 年 12 月 26 日　出院。

2013 年 1 月 6 日　医生表示，尽管曼德拉仍在位于约翰内斯堡的家中继续接受治疗，但已经“康复”。

2013年3月9日　曼德拉于夜间被送往比勒陀利亚一家医院，做“定期体检”。第二天，在“成功”体检后，曼德拉出院。

2013 年 3 月 27 日　因肺部感染复发，再次被送入医院。

2013 年 6 月 8 日　因肺部疾病复发被送往比勒陀利亚的一家医院，经过近 3 个月的治疗后于 9 月初出院，返回约翰内斯堡的家中继续接受治疗。

2013 年 12 月 6 日（南非时间 5 日）　曼德拉在约翰内斯堡住所去世，享年 95 岁。

附录 2：曼德拉中国缘

2013 年 12 月 6 日，习近平主席代表中国政府和人民并以个人名义，对曼德拉逝世表示深切的哀悼，向其亲属表示诚挚慰问。习近平主席指出，曼德拉是中南关系奠基人之一，生前两次访华，积极推动中南各领域友好合作。中国人民将永远铭记他为中南关系和人类进步事业作出的卓越贡献。

外交部发言人洪磊就南非前总统曼德拉逝世答记者问。洪磊指出，曼德拉先生是中国人民的老朋友，为中南关系的建立和发展作出了历史性贡献。对曼德拉先生的逝世表示沉痛哀悼，向南非政府和人民以及曼德拉先生的家属表示诚挚慰问。洪磊表示，曼德拉先生是南非反种族隔离斗争的著名领袖、新南非的缔造者，也是享誉世界的卓越政治家。他不仅被南非人民尊为“国父”，也赢得世界各国人民的崇敬和爱戴。

曼德拉与中国颇有缘分。他登过长城，喜读《孙子兵法》，曾两次来访中国。

20 世纪 50 年代，曼德拉正积极投身反种族隔离运动和泛非主义运动时，他阅读了一些“有关共产主义的书”。他在自传中称，在这一阶段，他阅读过《红星照耀中国》，并从中“看到了毛泽东的决心，和他非传统思想方法所取得的胜利”。曼德拉还说：“中国革命真是一部杰作，是真正的杰作。”

在今天的中国，说曼德拉是“中国人最耳熟能详的南非名人”恐毫不夸张：比他早 9 年获得诺贝尔和平奖的南非人、圣公会南非大主教图图，或和他同年获奖的、南非最后一任白人总统德克勒克，都远不及曼德拉的知名度，现任总统祖玛和曼德拉的继任者、前总统姆贝基也同样如此。

但曼德拉在中国的独享大名，却不过是近 20 多年的事。曼德拉之认识中国，与中国之认识曼德拉，都有个漫长的过程。

20 世纪 80 年代，随着中国的改革开放，国际新闻的视野也逐渐拓展，南非非国大的斗争逐渐成为《新闻联播》和各报刊国际版时常出现的话题，“释放曼德拉”这一“斗争主线”自然也顺理成章地被屡屡提及。这样一来，曼德拉也就逐渐成了中国传媒上常常挂念的外国名人，成了中国老百姓最熟悉的几个外国人姓名之一。

1987 年，荷兰球星古力特获得世界足球先生，这位同时也是摇滚明星的球星是曼德拉的拥护者，在金球上刻上曼德拉的名字，还创作了歌颂曼德拉的歌曲，这一消息被当时开始活跃的国内体育媒体刊登，吸引了更多普通中国人的关注。

1990 年，香港 Beyond 乐队发行了至今脍炙人口、献给曼德拉的歌曲《光辉岁月》，这首歌轰动整个华人乐坛，成为当时中国国内年轻人、尤其学生和年轻知识分子广泛传唱的一首歌，原本苍白的曼德拉形象，在《光辉岁月》的歌声中，逐渐变得血肉丰满。“老革命”的“旧版”形象，也就此让位于“和平、非暴力、种族大和谐”崭新的“彩虹”形象。

1992 年 10 月，曼德拉首次访华。5 日，北京大学授予曼德拉名誉法学博士学位。

1997 年对曼德拉是个意义重大的年份，这一年他开始交权，并宣布不再谋求连任。或许是即将“无官一身轻”，尽管建交后留下的时间不多，但曼德拉却在中国官方外交舞台上“密集演出”，留下了宽广的人脉。

1999 年 2 月，时任国家副主席胡锦涛访问南非并拜会曼德拉。

1999 年 5 月，曼德拉以南非总统的身份第二次访华期间，曾深情地表示，在罗本岛坐牢的时候，每逢“十一”，他和狱友们都会用独特的握手方式庆祝中国国庆，因为他们觉得中国是革命、独立的象征。

2000 年 4 月，江泽民访问南非，并会见了前一年卸任的曼德拉。此后，尽管已经隐居的曼德拉扬言“不喜欢接电话”，却仍多次和中国领导人通话、交谈。

2013 年 12 月，曼德拉去世后，习近平主席、李克强总理第一时间向南非总统祖马致唁电，对曼德拉去世表示深切哀悼。10 日，李源潮副主席在南非约翰内斯堡出席了南非政府为曼德拉举行的大型官方追悼活动并致辞。

参考文献

[1] 纳尔逊·曼德拉著，王旭译．与自己对话 [M]. 北京：中信出版社，2011.

[2] 纳尔逊·曼德拉著，谭振学译．漫漫自由路 [M]. 济南：山东大学出版社，2005.

[3] 周有光主编，十年砍柴著．自由与宽恕 – 曼德拉传 [M]. 北京：中国友谊出版公司，2013.

[4] 采文．曼德拉：风雨中抱紧自由 [M]. 北京：新世界出版社，2013.

[5] 斯坦格尔．曼德拉的礼物：关于生命、爱与勇气的 15 堂课 [M]. 北京：法律出版社，2010.